*Metáforas do corpo
no Século das Luzes*

FUNDAÇÃO EDITORA DA UNESP

Presidente do Conselho Curador
Mário Sérgio Vasconcelos

Diretor-Presidente / Publisher
Jézio Hernani Bomfim Gutierre

Superintendente Administrativo e Financeiro
William de Souza Agostinho

Conselho Editorial Acadêmico
Luís Antônio Francisco de Souza
Marcelo dos Santos Pereira
Patricia Porchat Pereira da Silva Knudsen
Paulo Celso Moura
Ricardo D'Elia Matheus
Sandra Aparecida Ferreira
Tatiana Noronha de Souza
Trajano Sardenberg
Valéria dos Santos Guimarães

Editores-Adjuntos
Anderson Nobara
Leandro Rodrigues

PEDRO PAULO PIMENTA

*Metáforas do corpo
no Século das Luzes*

© 2024 Editora Unesp

Direitos de publicação reservados à:
Fundação Editora da Unesp (FEU)
Praça da Sé, 108
01001-900 – São Paulo – SP
Tel.: (0xx11) 3242-7171
Fax: (0xx11) 3242-7172
www.editoraunesp.com.br
www.livrariaunesp.com.br
atendimento.editora@unesp.br

Dados Internacionais de Catalogação na Publicação (CIP) de acordo com ISBD
Elaborado por Vagner Rodolfo da Silva – CRB-8/9410

P644m	Pimenta, Pedro Paulo
	Metáforas do corpo no Século das Luzes / Pedro Paulo Pimenta. – São Paulo: Editora Unesp, 2024.
	Inclui bibliografia.
	ISBN: 978-65-5711-155-0
	1. Filosofia. 2. Século XVIII. 3. Século das Luzes. 4. Iluminismo. 5. Sexualidade. 6. Corpo. 7. Anatomia. 8. Política. I. Título.
2024-1304	CDD 100 CDU 1

Editora afiliada:

Asociación de Editoriales Universitarias
de América Latina y el Caribe

Associação Brasileira de
Editoras Universitárias

Sumário

Apresentação . 7

1. História (natural) da sexualidade . 11
2. A máquina orgânica . 33
3. A distribuição do prazer . 55
4. A ordem espontânea . 75
5. O animal esquemático . 91
6. Um enxame de abelhas . 107
7. A estátua viva . 129
8. O sublime retórico . 153
9. O romance da força . 169
10. A lei do desejo . 191

Sobre este livro . 217
Bibliografia . 219

Apresentação

Abre o pretenso corpo e desdobra todas as suas superfícies...
Lyotard, "La Grande pellicule éphémère"[1]

Não é antes muito provável que justamente o que é mais superficial e mais exterior na existência — o que ela tem de mais aparente, sua sensualização, sua pele — seja a primeira coisa a se deixar apreender? Ou a única?
Nietzsche, *A gaia ciência*[2]

Para praticar a fisiologia com boa consciência, é preciso ter presente que os órgãos do sentido não são fenômenos no sentido da filosofia idealista: como tais eles não poderiam ser causas! Logo, o sensualismo ao menos como hipótese reguladora, se não como princípio heurístico.
Nietzsche, *Para além do bem e do mal*[3]

---

1 Jean-François Lyotard, "La Grande pellicule éphémère", em *Économie libidinale*.
2 Friedrich Nietzsche, *A gaia ciência*, Lv.V, 374, p.250.
3 Id., *Para além do bem e do mal*, Lv.I, 15, p.21.

Os ensaios aqui reunidos retraçam o destino filosófico da ideia de corpo no século XVIII, uma vez separada daquela de alma, à qual estivera ligada desde as *Meditações* de Descartes, surgidas em francês no ano de 1649. O mote destas investigações é uma frase de Angélique, filha de Diderot, relatada pelo filósofo em carta a Sophie Volland, sua interlocutora: "Ocorreu-me indagar-lhe o que seria a alma, ao que ela respondeu, *A alma é feita quando se faz a carne.*"[4] A ingenuidade da jovem equivale para Diderot à confissão de um materialismo espontâneo, crença a que todos seríamos levados, não fossem os preconceitos incutidos pelas autoridades políticas e religiosas. Mas a filosofia tem a sua parte nessa disseminação dos erros. A redução da alma ao corpo por Angélique decreta o fim do dualismo cartesiano. Isso exige a reconsideração da ideia de corpo. Seria uma simples inversão, conceder à substância extensa a prioridade antes outorgada à substância espiritual. O gênio extraordinário dessa garota consiste em tornar uma coisa indissociável da outra. A rigor, não há diferença entre o idealista e o materialista. A não ser que o corpo possa ser figurado como signo de uma necessidade, e não mais como a contraparte da alma. Imposição do desejo, que impele o animal humano a cogitar ideias como as de máquina, sistema ou organismo, o "corpo" deixa de ser uma coisa para se tornar um problema: efeito, figuração do discurso filosófico, literário ou naturalista. A passagem da metafísica dos princípios a uma retórica da descrição, que acompanhamos nestas páginas, é um exemplo do que Vinicius de Figueiredo chamou de "virtudes da

---

4 Citado por Jean-Luc Guichet, "Âme des bêtes et matérialisme au XVIIIe siècle", em Guichet (org.), *De l'Animal-machine à l'âme des machines*, p.145.

superfície".⁵ A especulação acerca do "fundo" das coisas passa pela operação que permite significar, no discurso, essa projeção para além da sensação que o engendra. Em outro livro, dedicado ao *Corpo impossível*, ocorreu a Eliane Robert Moraes falar no "dilaceramento da figura humana" nas artes do século XX.⁶ Este nosso, sobre o Século das Luzes, pode ser lido como a arqueologia desse gesto artístico. Mas, também, como a genealogia de um conflito, corrente em nossos dias, entre o desejo da posse das coisas, econômico, e o dos corpos, sexual. Seria exagero dizer que essas questões de metafísica já não tão clássica diriam respeito diretamente ao tempo e ao lugar em que este livro foi escrito. Que a sua leitura possa sugerir coisas talvez não tão óbvias a respeito de questões "atuais".

Universidade de São Paulo, janeiro de 2024

---

5 Vinicius de Figueiredo, *A paixão da igualdade: uma genealogia do indivíduo moral na França*.
6 Eliane Robert Moraes, *O corpo impossível: a decomposição da figura humana de Lautréamont a Bataille*.

1.
História (natural) da sexualidade

"Para quem Rousseau escreve os *Devaneios*? Para si próprio, apenas para si."[1] Com essas palavras, Jean Starobinski oferece a seu leitor uma espécie de advertência: que não abra o último livro de Rousseau em busca de outra coisa além do próprio autor. A obra, escrita em retiro no campo, longe da vida citadina, é a narrativa de um "eu que se subtrai ao mundo" e que, contraindo-se no espaço, se torna "livre" para se distender no tempo. "Ocupar-se de si. O devaneio apodera-se dessa ideia para desenvolvê-la e esclarecê-la de diversas maneiras."[2] Rousseau consagra como gênero literário uma ocupação que, a essa altura – estamos na década de 1770 – se disseminara pelos espíritos europeus cansados do trato social do Antigo Regime ou oprimidos pelas hierarquias que o sustentam e que ele reforça. A prática do devaneio é um antídoto às mazelas da inquietação, intrínseca à natureza humana, mas intensificada pelas solicitações infindáveis

---

[1] Jean Starobinski, *Jean Jacques Rousseau: a transparência e o obstáculo*, p.477.
[2] Ibid., p.489.

da vida em sociedade.³ Definido como estado de espírito, o devaneio é próximo ao sonho, ele mesmo difícil de apreender. Kant entende a situação onírica, em que a imaginação reencontra a fisiologia do corpo, como o reverso da atividade conceitual.⁴ Como poderia o trabalho dos conceitos dar conta dela, senão parcialmente?

A *Enciclopédia* reconhece essa situação. Brevíssimo, o verbete "Devaneio" só faz sentido quando lido ao lado de entradas como "Sonho" (há duas), "Sonambulismo" e outras.⁵ Tomados em conjunto, esses verbetes mostram a complexidade da questão, aproximam-se dela, mas não chegam a mostrar no que consiste a atividade onírica. Oferecem, em suma, a confissão de um fracasso, ou, antes, de uma impotência da filosofia diante desse grupo de fenômenos aparentados, de um ponto de vista fisiológico. Em Rousseau, não. O devaneio, tomado como estado psicológico da alma, permite inaugurar uma nova modalidade de discurso, sobre um eu que transborda para além de si mesmo e se busca a si próprio num mundo exterior povoado por outras criaturas vivas e pleno de sentido latente. A ideia do corpo, tão presente nas páginas da *Enciclopédia*, e mesmo em Kant, é relegada por Rousseau a segundo plano. O que importa, agora, é a reflexão sobre a possibilidade ou não de "fazer coincidir com a minha representação do mundo a representação que ofereço de mim para os outros, ou, em suma, dar nome a mim mesmo".⁶ O "eu" como construto psicológico prescinde da questão da

---

3 Ver Márcio Suzuki, *A forma e o sentimento do mundo: jogo, humor e a arte de viver na filosofia do século XVIII*, cap.3.
4 Immanuel Kant, *Antropologia de um ponto de vista pragmático*, cap.28ss.
5 Denis Diderot; Jean Le Rond d'Alembert, *Enciclopédia, ou Dicionário razoado das ciências, das artes e dos ofícios*, v.6.
6 Alain Grosrichard apud Paul de Man, *Allegories of Reading: Figural Language in Rousseau, Nietzsche, Rilke and Proust*.

união entre a alma e o corpo: impõe-se ao dualismo como princípio supremo de unificação, inaugurando uma nova era na filosofia, a dos estudos etnológicos. Curiosamente isso depende, segundo Lévi-Strauss, de uma identificação com o "outro", não enquanto portador de uma regra de conduta socialmente determinada, mas como "eu" extrínseco ao primeiro e que se oferece, também ele, recolhido dentro de si, mas que eventualmente se abre através de uma sensibilidade que não exageramos ao chamar de vital.[7] Ainda segundo Lévi-Strauss, dessa vez em *Totemismo hoje*, essa abertura transborda os limites do humano e só se realiza efetivamente ao se dirigir à natureza viva em geral (e mesmo à matéria inerte, a nos fiarmos pelo clímax de *O pensamento selvagem*).[8] A antropologia de Rousseau se resolve na história natural. Ou antes: permite redirecionar essa ciência para o objetivo moral de reverter a desnaturação que fulminou a espécie humana desde a sua saída (hipotética) de um estado de natureza (fictício).

Nos *Devaneios*, essa reversão, desde o início impossível, nem por isso menos necessária, aparece sob a forma de um exercício moral, a herborização. Praticada pelos botânicos, ela serve ao conhecimento da ordem natural. Rousseau a aproxima do devaneio e lhe dá um ar quase meditativo. Como escreve Bento Prado Jr., "a botânica fornece, em meio às infelicidades, o sucedâneo do paraíso perdido, o retorno à luz".[9] Promessa luminosa, que, no entanto, passa por uma prática árdua. Não é porque se torna um exercício moral que a Botânica dispensa

---

7 Claude Lévi-Strauss, "Jean Jacques Rousseau, fundador das ciências do homem", em *Antropologia estrutural dois*.
8 Id., *Totemismo hoje*; e *O pensamento selvagem*, p.290: "no dia em que se chegar a compreender a vida como uma função da matéria inerte".
9 Bento Prado Jr., *A retórica de Rousseau e outros ensaios*.

a disciplina do naturalista, ao contrário, ela é a disciplina que guia o filósofo até o objetivo que primeiro o levou a frequentar as plantas em suas caminhadas. O texto fundamental é citado por Bento Prado Jr. no ensaio a que nos referimos:

> Gostaria, portanto, de começar sempre minhas discussões pela ordem de provas mais fracas. Há assuntos em que os argumentos mais convincentes se extraem do objeto enquanto tal; as questões físicas são desse tipo. Assim, o conhecimento da natureza das plantas pode muito bem ser auxiliado, por exemplo, pelo conhecimento do terreno que as produz, dos sucos que as nutrem e de suas virtudes específicas, mas jamais se conhecerá bem sua mecânica e seus princípios motores se não se examinar isso nelas próprias, se não se considerar toda a sua estrutura interna, as fibras, as válvulas, os condutos, a casca, a medula, as folhas, as flores, os frutos, as raízes, em suma, todas as partes que entram em sua composição.[10]

É verdade, como assinala Bento Prado Jr. na esteira de Foucault, que a palavra *estrutura* significa aí "o corpo visível da planta, anterior a todo comércio que ela possa estabelecer com seu meio", mas, com isso, não se esgota o que está em questão nessa passagem. O "visível" de Foucault não se aplica bem à estrutura de Rousseau, que, por ser interna, exige, para ser discernida, toda uma investigação, bastante árdua, que terá de decifrar relações que não se oferecem ao olhar e só se tornam visíveis com o exame e a sistematização dos dados que ele encontrou nelas. Melhor seria falar, a propósito de estrutura, em "economia vegetal", ou, no dizer de Prado Jr., "a combinação mecânica de suas partes". Essa combinação não é

---

10 Jean-Jacques Rousseau, *Cartas sobre os elementos de botânica* apud Bento Prado Jr., *A retórica de Rousseau e outros ensaios*, p.336.

maquinal: são partes que perfazem um todo e se encontram em relação com um meio.

Na Botânica, a estrutura interna vem primeiro, mas tem de ser completada pelo estudo dos modos de relação do corpo vegetal com o terreno, do que depende sua produção, com os sucos, que respondem pela sua nutrição, e, poderíamos acrescentar, com o clima, além de suas relações com outras plantas e animais, necessárias à reprodução dos vegetais. Neste último ponto, o estudo anatômico da economia ou estrutura interna se mostra indissociável do estudo das relações físicas entre os corpos. Pois, se a conformação dos órgãos sexuais é a condição anatômica da geração e reprodução dos corpos vegetais, o fenômeno enquanto tal é incompreensível sem a referências às condições externas. Na Botânica da época de Rousseau, as relações entre a estrutura e o meio são claramente hierárquicas, e este último permanece contingente em relação à necessidade inscrita na economia vegetal. Estaríamos enganados, no entanto, pensando que o objetivo da Botânica é o estudo da planta como totalidade integrada ao meio circundante. Essa é, na verdade, apenas uma etapa no caminho da ciência à sua meta, a classificação das plantas num quadro ordenado em gêneros e espécies no qual as diferentes classes apareçam em relações recíprocas de parentesco e divergência. Quadro a ser elaborado de tal maneira que sejam determinados os gêneros superiores e a partir deles se deduzam, em boa lógica, as espécies e as variedades subordinadas. Não é preciso conhecer todas as plantas existentes para desenhar as relações entre elas; basta chegar ao critério de identificação inequívoca dessas classes para que todas as plantas descobertas encontrem no quadro o lugar natural previsto para cada uma.

Todo quadro taxonômico é parcial e contém lacunas que às vezes não podem ser identificadas; porém estas não são falhas, e sim regiões, zonas que ainda não foram ocupadas, mas que o botânico pode ter a certeza de que um dia serão.[11] A elaboração desse quadro pressupõe o estudo da economia vegetal, mas não se esgota nele. A estrutura fornece um índice, que Lineu encontra na parte anatômica invariável comum a todas as plantas e de cuja fisiologia depende a perpetuação dos indivíduos, e, com eles, das espécies: os órgãos da reprodução. Como explica François Dagognet, essa identificação não teria maiores consequências se os órgãos sexuais não pudessem ser tomados como "signos característicos", parte que representa o todo, índice da estrutura interna comum ao reino vegetal inteiro.[12] Com isso, "a determinação da palavra eclipsa a da planta", a anatomia e a fisiologia se tornam o lastro de uma gramática que alude a elas, mas que prescinde da referência direta aos detalhes que interessam a essas ciências.[13]

Essa abstração não atira o botânico nos braços do nominalismo, como se a Natureza fosse por ele ignorada; ao contrário, como esclarece Lineu na *Filosofia botânica*, "a espécie e o gênero são sempre a obra da Natureza, a variedade o é, no mais das vezes, da arte, a classe e a ordem o são da Natureza e da arte",[14] o que justifica a ambição da Botânica de "reproduzir as linhas gerais da Criação".[15] Trabalhando junto à Natureza, o entendimento humano apreende a regra da sua especificação a partir de um princípio único — no caso dos vegetais, um indivíduo hermafrodita primordial — e, expondo-a no quadro taxonômico, torna inteligível a ordem, sem conhecê-la

---

11 Lineu, *Filosofia botânica* apud François Dagognet, *Le Catalogue de la vie*.
12 Dagognet, op. cit., p.39.
13 Ibid., p.36.
14 Ibid., p.40.
15 Ibid.

exaustivamente, confirmando, ao mesmo tempo, a existência de uma sabedoria divina a governá-la.

Temos agora condições de identificar o fundo metafísico da ciência das plantas, cuja prática repousa sobre uma clivagem conhecida entre o espírito e o corpo, o intelecto e as sensações. Como explica Dagognet:

> Nessas condições, a certa distância, sem tocar nem sentir, sem realizar um exame demasiadamente escrupuloso, ao abrigo do contato imaginado pelos falsos naturalistas, os adeptos do método podem, agora, saber e prever. A ciência lineana não passa mais pelos sentidos, não implica nada além de uma glossologia, ou a arte da ordenação e da disposição.[16]

A "álgebra floral" de Lineu consagra, assim, a separação entre o naturalista e o seu objeto, a partir de uma desconfiança ou desdém pela sensação em geral e pelo tato em particular, sentido que promove a ilusão de uma intimidade do observador com o reino vegetal que deve ser buscada alhures, na conformidade entre as ideias abstratas de seu entendimento e a regra divina pela qual as relações entre as plantas vêm a ser o que são. "A Botânica como linguagem" é nada menos que o elo entre a interioridade espiritual e a exterioridade material, doravante tomada como signo inequívoco de um desígnio superior que englobaria o observador e a Natureza que ele estuda.[17]

Essas considerações esclarecem uma razão adicional do entusiasmo de Rousseau pela Botânica. Não é preciso ler os *Devaneios* à luz da *Profissão de fé do vigário saboiano* para ver que, ainda que não esteja interessado em oferecer algo como uma

---

16 Ibid., p.37.
17 Ibid., p.42.

ideia metafísica ou sistemática da Natureza como ordem divina, Rousseau percebe que a Botânica de Lineu, ao se distanciar da filosofia experimental, não apenas realiza uma crítica da lógica da sensação como princípio governante da inteligibilidade da experiência (Condillac) como também fundamenta aquela prática da Botânica como exercício moral, celebrada nas páginas dos *Devaneios*. A Botânica como "técnica de controle dos instintos", na expressão de François Delaporte, que, para respaldá-la, evoca uma carta de Rousseau na qual se lê que "o estudo da Natureza, em qualquer idade que se faça, diminui o gosto pelas distrações frívolas, previne contra o tumulto das paixões e leva a alma até um alimento que a nutre, preenchendo-a com o objeto mais digno de suas contemplações".[18]

Compreendida nesses termos, a Botânica restitui a hierarquia devida entre a alma e o corpo, posta em risco pela intensificação e pelo cultivo das paixões que prosperam em sociedade com o estímulo das artes e ciências. "Atividade intelectual", a Botânica se detém "sobre as formas, em detrimento das funções" dos vegetais.[19] O órgão sexual, tão caro a Lineu, uma vez apreendido como característica determinante da economia interna dos vegetais, será tomado como um índice e suas operações serão devidamente esquecidas. "O mundo das plantas, silencioso e aprazível, não é feito para perturbar as almas delicadas."[20] Essa perturbação é tipificada, precisamente, pelas "imagens do corpo e da sexualidade" que são formadas, não pela volúpia carnal, como seria de esperar, mas pelo estudo da zoologia e da anatomia e fisiologia dos animais. Esses estudos são abertamente condenados por Rousseau na sétima

---

18 François Delaporte, *Le Seconde Règne de la nature*, p.149-50.
19 Ibid., p.150.
20 Ibid.

caminhada dos *Devaneios*, pois eles causam, como explica Delaporte, "uma repugnância que traduz o desgosto evocado pelo amor carnal. A suspeita de bestialidade paira sobre todo aquele que se interessa em demasia pelos animais", pois, "em suma, o animal está demasiadamente próximo do homem".[21] O que nos leva à conclusão no mínimo desconcertante: a apreensão de um desígnio da Natureza pelo espírito que segue as regras estipuladas pelos nomencladores tem como reverso a negação da ordem natural que supostamente decorre da agitação das paixões sugeridas pela prática da anatomia, com destaque para o desejo sexual. O zoólogo, por ser um libertino, torna-se insensivelmente um ateu.

Antes de atribuirmos essas conclusões a algum furor da parte de Rousseau, convém observar que elas estão em sintonia com as considerações de Lineu acerca do modo como a Natureza houve por bem exibir, à observação humana, os órgãos sexuais nos diferentes reinos. "Os órgãos genitais das plantas estão expostos aos olhos de todos, no reino vegetal, mas esses mesmos órgãos, considerados quase obscenos no reino animal, encontram-se aí devidamente escondidos."[22] Ou ainda: "Vemos que todas as espécies de animais foram atingidas pelo dardo de Vênus, que cada uma delas recebeu a fim de executar o mandamento do Criador, *crescei e multiplicai-vos*".[23] Passando aos exemplos, Lineu põe de lado a metáfora e recorre à teleologia: "os pássaros têm uma beleza deslumbrante e cantam o seu desejo durante o dia inteiro", os "pavões exibem sua belíssima cauda", os "peixes se reúnem e acasalam nas águas", e assim por diante. A luxúria se encontra submetida a uma finalidade

---

21 Ibid., p.149.
22 Lineu, "Œconomia naturae", em *L'Équilibre de la nature*, p.79.
23 Ibid.

divina: a procriação, que atrela o ato a um imperativo que o transcende e o regula para além do prazer carnal, subordinado ou controlado por uma finalidade suprema, inscrita na ordem que transcende a fisiologia das sensações. A tal ponto que "observamos na Natureza, na maioria das vezes, uma ordem em que os animais menores e os mais úteis se multiplicam mais que os outros", lei econômica de equilíbrio geral que institui no mundo natural uma verdadeira harmonia, em meio a múltiplos e variados processos que apenas em aparência são turbulentos, imprevisíveis e instáveis, evocando, assim, as próprias paixões turbulentas que confundem o espírito e o desviam para uma finalidade falsa, o prazer sensível.[24]

Entende-se o que separa Rousseau de Lineu, uma perspectiva moral à diferença de outra, metafísica, e uma relativização da teleologia como princípio de ordenação da Natureza, que inclusive deixa aberto o espaço para a manifestação, na espécie humana, de uma bestialidade, de uma ferocidade que a afastam de sua destinação espiritual, ou moral. Em Lineu, a finalidade última do Criador relativiza a força do mesmo desejo que em Rousseau ameaça esgarçar a unidade do eu. Alain Grosrichard mostrou a que ponto a prática da Botânica é, para Rousseau, uma condição de possibilidade para a elaboração de uma narrativa autobiográfica. "Tornar-se planta" é representar a si mesmo como unidade integrada a uma ordem, sem que com isso o indivíduo deixe de ser essa "planta rara, única em sua espécie", a respeito da qual Rousseau poderá dizer: "eu sei o que sou – *je sais ce que je suis (Roussoea simplex)*".[25] Prazer

---

24 Ibid., p.84.
25 Grosrichard, "Je vais devenir plante moi-même um de ces matins", em Rousseau, *La Botanique de Rousseau*, p.29.

narcísico, diríamos já, que se interpõe à ameaça da inquietação do desejo sexual.

***

O "Discurso introdutório" da *História Natural* de Buffon (v.1, 1749) desfere um ataque frontal à ideia de que os seres vivos poderiam ser submetidos a um sistema de classificação único, que dizer definitivo.[26] Seus alvos são Jussieu, Tournefort e principalmente Lineu – os três grandes botânicos da época. "Com relação à ordem geral e ao método de distribuição dos diferentes objetos da História Natural, cabe dizer que eles são puramente arbitrários e pode-se escolher o mais conveniente ou o mais usual."[27] De saída, fica excluída a ideia de que um método seria capaz de dar conta da ordem natural e reproduzi-la num sistema de signos. Para Buffon, tal ambição é uma quimera, um absurdo. Como ele adverte logo na abertura do "Discurso", a História Natural é uma ciência insuficiente para dar conta do objeto que se propõe a estudar, nada menos que "o mundo", que excede, por assim dizer, a olhos vistos, a capacidade de um poder tão limitado como o do entendimento humano.[28] As razões oferecidas para esse descompasso são duas: a quantidade de objetos e a sua variedade. Quase trinta anos depois, no "Discurso sobre as épocas da Natureza" (v.36, 1778), uma terceira será acrescentada: a distensão da Natureza no tempo e no espaço, o que faz dela um objeto grande demais para ser abarcado pelo homem.

---

26 Buffon, *História Natural* (2020), p.5-43.
27 Ibid., p.23.
28 Ibid., p.5*ss*.

Essas considerações são suficientes para lançar uma suspeita sobre tentativas de totalização da experiência, como as da escola de Lineu. Não é que essa ordem magnífica não possa, não deva mesmo ser remetida a um princípio. Buffon se refere amiúde, ainda que de maneira protocolar, a um "criador" ou "autor" da Natureza, sem, no entanto, mostrar o que, afinal, ele teria feito para merecer esse título. É um newtoniano de estrita observância: por toda parte o naturalista vê, observa e analisa fenômenos que se encadeiam uns aos outros segundo leis necessárias, ora claras, ora recônditas, mas em nenhuma parte ele encontra um princípio último. O nome Deus é, como a mão invisível de Adam Smith ou a razão transcendental de Kant, uma metáfora para a ausência real e concreta de um princípio último dos fenômenos. Subterfúgio? Não nos apressemos: a ordem tem de ser pensada a partir de um princípio último, apenas teremos de aprender a fazê-lo em termos heurísticos. O que nos devolve à taxonomia.

O que é, segundo Buffon, um sistema de classificação? Uma criação, porventura útil, da imaginação humana. Para mostrar que é assim, ele realiza um experimento imaginário, bem ao sabor das ficções empregadas pelos filósofos do século XVIII (o cego de Diderot, a estátua de Condillac, o homem natural de Rousseau etc.):

> Imaginemos um homem que tenha se esquecido de tudo o que sabia, ou que acorde pela primeira vez para os objetos que o circundam e o coloquemos num campo entre animais, pássaros, plantas e pedras que se oferecem a seus olhos. De início, ele nada distinguirá e tudo confundirá; mas deixemos que suas ideias se firmem aos poucos, através de sensações reiteradas dos mesmos objetos, e logo ele poderá formar uma ideia geral da matéria animada, distinguirá facilmente matéria animada de matéria vegetativa, e chegará

naturalmente a esta grande divisão: animal, vegetal e mineral. E, como terá adquirido, ao mesmo tempo, uma ideia nítida desses objetos tão diferentes – a terra, o ar e a água –, não tardará a formar uma ideia particular dos animais que habitam a terra, dos que vivem na água, e dos que cindem os ares, e chegará, por conseguinte, a esta segunda divisão: animais quadrúpedes, pássaros e peixes. Do mesmo modo no reino vegetal, onde distinguirá as árvores e plantas, seja pelo tamanho, pela substância ou pela figura. Chegará a isso com uma simples inspeção, e poderá reconhecê-lo com um mínimo de atenção. É tudo o que podemos considerar como real, e acatar como divisão da própria Natureza.[29]

Buffon desautoriza as pretensões dos taxonomistas lançando mão de um recurso metodológico simples. O que é "real" e "dado pela própria Natureza" vem da sensação, quer dizer, justamente o que Lineu descartara como quimérico. Ao que a Natureza oferece pelos sentidos vem se acrescentar, com o passar do tempo (a "experiência"), o suplemento humano, a consideração de tudo o que possa ser "necessário" ou "útil". Por esse novo critério, é estabelecida uma hierarquia a partir do homem em meio aos animais, aos vegetais e aos minerais. A História Natural é a forma metodizada dessa consideração de cunho utilitarista. Por intermédio dessa ciência, o homem estudará as coisas "na medida em que lhe possam ser úteis, e as considerará na medida em que se apresentem com mais frequência, classificando-as relativamente a essa ordem de conhecimento, que é, com efeito, aquela em que os adquiriu e na qual intenta conservá-los".[30] Buffon não apenas não pretende oferecer, à maneira de Lineu, um quadro da ordem natural, como

---

29 Id., "Primeiro discurso", em *História Natural*, op. cit., p.23.
30 Ibid.

entende que, para estudar a natureza e compreendê-la, é preciso ir além do que se discerne dessa ordem e considerar o mundo pelas lentes do interesse de uma espécie, a humana, em relação à qual tudo, na Natureza, irá adquirir a sua posição, de acordo com seu valor relativo ao bem-estar dos seres humanos. Se a Botânica de Lineu desembocava numa teologia, a História Natural de Buffon nasce no antropocentrismo.

Leitores da *História Natural*, ainda que seduzidos pela elegante prosa de Buffon, julgaram que o mérito da obra residia alhures, nas minuciosas e precisas descrições anatômicas elaboradas por Daubenton, seu colega e assistente.[31] Daubenton explica o método empregado nessas descrições numa breve peça publicada em 1753, no volume 4 da obra intitulada "Da descrição dos animais". O corpo humano é o modelo da anatomia comparada.[32] Não se sugere com isso que o homem estaria no centro de uma suposta ordem natural, ou, pior ainda, da Criação, mas apenas que, como é ele quem descreve, convém que adote a si mesmo como parâmetro da descrição, tendo em vista que conhece melhor o seu próprio corpo que o de qualquer outro ser vivo.

Acrescentem-se a esse breve "discurso do método" duas considerações teóricas, dessa vez do próprio Buffon, acerca da unidade dos seres vivos. No artigo sobre o "Cavalo",[33] ele fala em "protótipo da espécie", ideia geral obtida a partir da aglutinação de inúmeras ideias particulares, ou da constatação de que uma estrutura constante perpassa as variações encontradas em grupos de indivíduos similares entre si. Desse

---

31 Adam Smith, "Carta aos editores da *Edinburgh Review*", em *Ensaios filosóficos*, p.26.
32 Buffon, *História Natural*, p.497-515.
33 Ibid., p.518-73.

protótipo, diz Buffon, conhecemos apenas as cópias, isto é, o conhecemos a partir das cópias, e é como se ele existisse nelas e a partir delas. A ideia geral significada pelas ideias particulares torna-se, na prática, a condição de significação destas – um pouco como os nomes gerais numa língua. Já no artigo sobre o "Asno",[34] Buffon fala em "desenho primitivo geral", arquétipo de todos os seres vivos, forma na qual estariam contidas as suas partes anatômicas, que, postas em diferentes relações, resultariam nos protótipos das diferentes espécies com suas correspondentes variações circunstanciais. A ideia geral é mais uma vez obtida a partir da combinação de muitas ideias particulares ou de um repertório delas, que são como que argumentos, ou lugares-comuns que atestam a validade da ideia. A História Natural, ciência afeita à Gramática, inclui, assim, uma técnica retórica. O argumento de Buffon é ousado: do cavalo ao asno, ele vai da ideia geral de espécie animal até a ideia geral de todas as espécies de seres vivos, incluindo os vegetais.[35]

Na "História dos animais", publicada em 1749 no v.2 da *História Natural*, Buffon alertara que a rigor não é possível estabelecer nenhuma diferença ontológica entre esses dois reinos, mas urge pensar a continuidade entre eles, como se formassem uma longa cadeia.[36] Não há "termo fixo entre os animais e os vegetais", que têm entre si "muito mais propriedades em comum do que diferenças reais", o que leva ao corolário de

---

34 Ibid., p.573-92.
35 Buffon é ousado, mas não original. A ideia vem de Maupertuis, "Vênus física", *Scientiae Studia*, São Paulo, v.3, n.1, p.103-48, 2005; e o "Sistema da natureza: ensaio sobre a formação dos corpos organizados", *Scientiae Studia*, São Paulo, v.7, n.3, p.473-506, 2009. Ambos os textos foram traduzidos e apresentados por Maurício de Carvalho Ramos.
36 Buffon, *História Natural*, p.83-151.

"que o vivente animado não é um grau metafísico dos seres, mas uma propriedade física da matéria" (da continuidade do animal ao vegetal, o naturalista passa da continuidade do vegetal ao mineral). Portanto, se entre animais e vegetais não há ruptura, mas continuidade, o naturalista está autorizado a falar em "reprodução",[37] "nutrição e crescimento"[38] como fenômenos comuns a ambos os reinos, malgrado as particularidades incidentes a cada um e que dão a esses processos configurações diferentes. Mas o que interessa não é a aparência das coisas, e sim a identificação dos meios pelos quais elas se tornam o que são. Os processos que diferenciam os seres organizados da matéria inorgânica têm origem na própria matéria, o que significa que ao princípio da continuidade entre os seres vem se acrescentar o da contiguidade da matéria.[39] "Provei por fatos que a matéria tende a se organizar e que existe um número infinito de partes orgânicas. Tudo o que fiz foi generalizar observações, sem ter proposto nada contrário aos princípios mecânicos, entendendo esse último termo em sua acepção própria, de efeitos gerais da Natureza."[40] A esse respeito, o animal e o vegetal são idênticos: toda organização procede do mecanismo de atração entre partes da matéria. A ideia do "desenho geral primitivo" ganha agora nítidos contornos materialistas.

Mas, se a reprodução é um fenômeno comum a todos os seres vivos, a geração é exclusiva aos animais. Embora aconteça mecanicamente, a geração depende ainda de outro princípio que, ao menos em aparência, ultrapassa o mecanismo e parece pertencer aos corpos dotados de uma organização mais complexa,

---

37 Ibid., cap.2.
38 Ibid., cap.3.
39 Diderot, *O sonho de D'Alembert e outros escritos*.
40 Buffon, *História Natural*.

formados por partes heterogêneas umas às outras, concatenadas entre si (o vegetal é pensado como homogêneo). Entre os capítulos 4 e 10 da "História dos animais", Buffon afirma que a geração se dá pela agregação ou combinação das partes da matéria chamadas de "moléculas orgânicas". Sua atenção se volta em particular para a anatomia dos órgãos sexuais dos mamíferos e a variedade de métodos que a Natureza parece ter adotado, nos diferentes animais, para realizar o objetivo supremo da multiplicação e perpetuação dos seres vivos. Como se trata de um texto menos conhecido, iremos citá-lo por extenso.

> A maioria dos animais se perpetua por meio de cópula. Porém, muitos dotados de sexo não copulam de fato. A maioria dos pássaros machos restringe-se a pressionar a fêmea com bastante força, como o galo, cujo pênis, embora duplo, é muito curto, a exemplo dos pardais, dos pombos etc. Outras variedades, como o avestruz, o pato e o ganso, têm um membro consideravelmente grosso, e, nessas espécies, a intromissão é inequívoca. O peixe macho se aproxima da fêmea na época da desova, esfrega seu ventre no dela, que retribui o gesto, dá voltas sobre o dorso da parceira e reencontra assim o ventre dela, mas não ocorre copulação, pois o membro necessário não existe, e, se o macho se aproxima da fêmea, é para despejar o licor contido em seu leite, que ele derrama sobre os ovos que ela expele. Na verdade, parece mais atraído pelos ovos do que pela própria fêmea, pois, quando ela deixa de expeli-los, ele a abandona e sai no encalço dos ovos levados pela correnteza ou dispersados pelo vento, e passa e repassa cem vezes pelos lugares em que os ovos estão. Se o faz, não é por amor à parceira; nem sequer é necessário que a conheça, e despeja seu licor sobre ovos que encontra a esmo. Há, portanto, animais que têm sexo e partes apropriadas à copulação e outros que têm sexo, mas não as partes necessárias à copulação; outros ainda, como os caracóis, têm partes apropriadas à copulação

e têm os dois sexos ao mesmo tempo; por fim, outros, como as pulgas, não têm sexo, são pai e mãe ao mesmo tempo e se reproduzem por si mesmos, sem copulação, embora possam copular, se assim quiserem. Não sabemos ao certo por que isso acontece, ou, melhor, não sabemos se essa copulação é mesmo uma conjunção entre os sexos, pois, no caso das pulgas, todos os indivíduos parecem ser igualmente privados ou dotados de sexo; a não ser que se suponha que a Natureza concedeu a essa pequena fera mais faculdades de geração do que a toda outra espécie de animal, dando-lhe a potência de se reproduzir por si mesmo e os meios de se multiplicar pela comunicação com outro indivíduo.[41]

Com esse arrazoado, Buffon pretende desmentir um preconceito que, diríamos, é característico da nossa espécie. É como se ele estivesse dizendo: "nós humanos", tão apegados à copulação na forma dos atos sexuais e aos prazeres que ele promete (embora nem sempre realize), tendemos a pensar, como bons mamíferos, que ela seria, tal como a conhecemos, o método privilegiado de reprodução, o mais eficiente, o mais funcional etc., em suma, o método por excelência da propagação da vida animal. Entretanto, a observação mostra outra coisa, pois a copulação nem sempre se realiza em atos sexuais e, mesmo assim, produz o resultado esperado. Isso tampouco depende de uma configuração anatômica estrita das partes destinadas à realização da geração. A natureza pode se servir, como se serve, de múltiplos meios para alcançar os mesmos fins, sem que tenha de se apegar a um método tacanho e estreito como aquele que vincula a forma à função. A variedade das formas é independente da função, que é cumprida à revelia delas.

---

41 Buffon, "Histoire des animaux", em *Historie Naturelle, générale et particulière*, v.2, cap.9.

Buffon nos convida a pensar que a perspectiva teleológica sobre a reprodução animal é uma distorção, causada pela desatenção aos meios de multiplicação dos animais, lapso que decorre, por sua vez, do apego à ideia restrita de um ato sexual como copulação entre dois indivíduos de sexos opostos. No lugar do preconceito funcionalista, vigente no pensamento biológico desde Aristóteles, Buffon oferece uma elucubração de teor morfológico.

> Como quer que se dê a geração nas diferentes espécies de animal, a Natureza parece prepará-la com a produção de uma nova parte no corpo, e, não importa se essa parte é externa ou interna, ela sempre antecede à geração. Formam-se assim, nos corpos de machos e fêmeas do reino animal, novas produções que antecedem à geração, em geral produções de partes particulares, como ovos, corpos glandulosos, leites etc. E, mesmo que em algumas espécies não haja uma produção de fato, verifica-se o inchaço e a extensão consideráveis de uma ou mais partes que servem à geração. Em outras espécies, essa produção se manifesta não em alguma parte do corpo, mas no corpo inteiro, que parece se produzir a si mesmo de novo, antes que a geração possa acontecer. Refiro-me aos insetos e suas metamorfoses. Parece-me que essa alteração, essa transformação pela qual eles passam, é uma produção nova, que lhes confere o poder de engendrar. Por meio dela, os órgãos da geração se desenvolvem e adquirem condições de atuar. O corpo do animal cresce antes de se transformar. A substância que ele possui, mais abundante nos insetos do que em qualquer outra espécie de animal, é misturada e compõe uma massa, de início sob uma forma que depende daquela do animal e é similar a ela: a lagarta torna-se borboleta, pois, como não tem um órgão ou víscera que possa conter o excedente de nutrição, e não pode, por isso, produzir pequenos seres organizados similares ao grande, essa nutrição orgânica, sempre ativa, adquire outra

forma, reunindo-se em combinações derivadas da figura da lagarta e formando uma borboleta, cuja figura e constituição correspondem parcialmente à da lagarta, porém com órgãos de geração desenvolvidos, capazes de receber e transmitir as partes orgânicas da nutrição que formam os ovos e os indivíduos da espécie, que poderão, assim, realizar a geração. Os indivíduos provenientes da borboleta não são borboletas, mas lagartas, pois, com efeito, a lagarta é quem se nutriu, e as partes orgânicas dessa nutrição foram assimiladas à forma da lagarta e não à da borboleta, que não passa de uma produção acidental dessa mesma nutrição superabundante que precede a produção real dos animais dessa espécie: a borboleta é um meio, que a Natureza emprega para efetivar a geração, assim como os corpos glandulosos e os leites produzidos em outras espécies de animais.[42]

Pelo prisma da geração, a metamorfose da crisálida deixa de ser um fenômeno anômalo e é equiparado à secreção do leite nos mamíferos. Com isso, as próprias transformações nos corpos destes, ligadas à geração e à copulação por meio do ato sexual, adquirem um sentido diferente. A secreção do líquido vaginal, a ereção clitoriana ou peniana, a ejaculação do sêmen e de outros líquidos, tudo isso, outrora visto como apanágio dos animais superiores, torna-se variação morfológica de uma mesma tendência natural, a perpetuação das espécies, seja ela acompanhada ou não de prazer, júbilo, remorso, culpa etc.[43] Convidando-nos a imaginar a beleza da borboleta que irrompe do casulo, Buffon nos lança numa divagação em que o prazer sensível vai, aos poucos, se tornando indiscernível da própria

---

42 Ibid.
43 Ver Daubenton, "Crisálida", em Diderot; D'Alembert, *Enciclopédia*, v.III, 402; Anônimo, "Inseto", em ibid., v.VIII, 783; e Diderot, *Elementos de fisiologia* (1875), Lv.I, cap.I.

representação, a visão da borboleta imaginada evoca a do corpo humano em forma madura, que, uma vez visto, pede para ser tocado, apalpado, desfrutado, mobilizado, manipulado. A história natural, ciência da sensação, é também uma teoria da sensualização dos seres organizados.

***

A leitura dessas páginas de Buffon confirma as suspeitas de Rousseau. Pois, quem realiza a anatomia da geração dos animais tem em vista, em última instância, a geração humana e tudo o que está envolvido nela. O próprio Buffon, nas seções mencionadas, discorre sobre a produção do líquido seminal nos jovens adultos e associa a capacidade reprodutiva desse grupo humano à flexibilização do tônus muscular e ao vigor do corpo. Expõe, assim, à vista de suas leitoras e leitores, os mesmos órgãos que a natureza, segundo Lineu, houve por bem escamotear, devido à sua obscenidade. Quem fala em geração alude também ao gozo que a consuma em todas as espécies de animais e ao prazer que ao menos alguns deles experimentam nesse ato – não importa se por via de copulação ou se por outra, como a metamorfose. A história natural, em sua parte zoológica, é um incitamento ao vício.

Lembremos que o prazer sexual tipifica a inquietação que, segundo Rousseau, é intrínseca à espécie humana. Malgrado a intensidade do gozo, ou por causa dela, o prazer ligado ao ato da geração se esgota no mesmo instante em que é produzido e deixa, no rastro de sua ausência, uma espécie de clamor por reiteração – e que ela venha o quanto antes. Esse esquema, que se repete *ad infinitum*, aprisiona o animal humano à mais vil, porque mais intensa das paixões. Atento à morfologia da geração, o anatomista estaria, ao mesmo tempo, sugerindo caminhos e métodos para explorá-la artisticamente, a partir de técnicas de intensificação da natureza que desviariam esses órgãos da sua destinação original. Perversão dos fins da natureza, a teoria morfológica de Buffon leva os humanos a se perderem no abismo de um desejo que, em última instância, não tem como ser satisfeito.

Rousseau não deixa de ter razão. O estilo elevado e cortês do autor da *História Natural*, do qual ele mesmo tanto se orgulhava – *"le style, c'est l'homme"* –, sua prosa caudalosa e fluida, seu cultivo do *pathos* como elemento narrativo, seu gosto pelas hipóteses e a concomitante repulsa pelas teses e demonstrações, tudo isso vem corroborar a ideia de um livro feito para ser lido na corte e nos salões, tanto quanto nos gabinetes, e cujas páginas ilustram, em palavras e em imagens, os prazeres recônditos que a Natureza reservou aos animais humanos. Calcada para os letrados e mundanos, que habitam salões governados pelas damas, essas filósofas que são detentoras do certo e do errado em matéria de gosto,[44] a História Natural não é um modelo para a Botânica, cujo lastro – a herborização – exclui de antemão os prazeres alienantes da vida social. Se Rousseau escreve os *Devaneios* para si, Buffon escreve a *História Natural* para os outros. Em suas mãos, a arte de descrever se torna o contrário de um exercício espiritual. Dirigindo-se aos sentidos, a história natural da sexualidade desperta nos leitores modalidades de prazer que os levam a se reconhecer como animais sensíveis, submetidos às injunções de uma natureza permissiva, que, desdenhosa de ajustes entre forma e função, dá espaço à invenção de regras de constituição e comando de seus corpos, voltando-os para um gozo que, por também ser intelectual, é plenamente sensível.

---

44 Ver Élisabeth Badinter, *Émilie, Émilie: a ambição feminina no século XVIII*; e *As paixões intelectuais*, v.2: Exigência de dignidade, cap.6.

2.
A máquina orgânica

Na longa e complexa história do organismo como metáfora,[1] é frequente encontrá-la em oposição a esta outra, de máquina. Mas essa oposição encobre alguns problemas. Como observa Canguilhem em "Máquina e organismo", "quando Descartes substitui o organismo pelo mecanismo, ele suprime a teleologia da vida", impondo a causa eficiente à causa final, que, desde Aristóteles, fora mobilizada para explicar o ser vivo como unidade funcional integrada. Pensado como máquina, o corpo orgânico é representado como o produto de uma causalidade técnica, princípio extrínseco à organização vital que atua intencionalmente na sua produção. Do que se segue que "não é possível, ao que parece, opor mecanismo e finalidade, ou mecanismo e antropomorfismo, pois, se o funcionamento de uma máquina se explica por relações de pura causalidade, a construção de uma máquina não se compreende nem sem finalidade,

---

[1] O estudo de referência a respeito é de Judith Schlanger, *Les Métaphores de l'organisme*.

nem sem o homem".² A perspectiva antropomórfica distorce a apreensão da organização viva, condicionando-a a um modelo perceptivo – a máquina como objeto tecnológico ou artístico – que obriga, inclusive, a deslocar a ideia de integração funcional entre as partes do corpo para a relação entre este e a alma, na qual se encontram os princípios últimos de suas operações.³

A certa altura na história do pensamento moderno, alguns filósofos julgaram necessária uma revisão da tópica cartesiana. A começar por Espinosa, que suprimiu o dualismo entre as substâncias, submergindo, por assim dizer, a alma no corpo. É verdade, esse gesto radical tem limites, como fica claro na preservação da diferença hierárquica entre o homem e os outros animais. Mas seria absurdo tributar essa hierarquia ao cartesianismo. Sabe-se que ela se encontra firmemente estabelecida desde Aristóteles. De toda forma, Espinosa abre uma trilha que, no século XVIII francês, será tomada por Diderot e o levará ao materialismo mais resoluto. O programa dessa doutrina é traçado pelo filósofo em poucas linhas, no verbete "Espinosista", da *Enciclopédia*:

> Seguidor da filosofia de Espinosa. Não se deve confundir os espinosistas antigos com os modernos. O princípio geral destes é a sensibilidade da matéria, que eles demonstram a partir dos exemplos do desenvolvimento do ovo, que, por meio de gradações de calor, passa do estado do ser sensível ao do vivo, do crescimento dos animais, que, de início, não passam de um ponto, e da assimilação da nutrição pelas plantas, que, com isso, se tornam grandes corpos sensíveis e vivos, que ocupam um espaço considerável. Disso eles

---

2 Georges Canguilhem, "Máquina e organismo", em *O conhecimento da vida*, p.122.
3 Martial Guéroult, *Descartes segundo a ordem das razões*, cap.17.

concluem que a matéria é a única coisa que existe, e explica tudo. De resto, eles seguem o espinosismo antigo, com todas as suas consequências.[4]

De maneira astuta e bastante livre, Diderot identifica a substância de Espinosa à matéria, o que implica repensar a pertinência da própria ideia de substância (tudo no início "não passa de um ponto"...). Estamos à beira de Lucrécio: se a matéria em movimento é onipresente e tudo explica, se a vida (que ocupa o lugar deixado vago pela alma) é imanente a ela e se encontra por toda parte, então, a doutrina cartesiana do corpo-máquina, atrelada à diferenciação entre duas substâncias, perde seu estatuto ontológico e adquire um valor metafórico, de figuração. E assim essa teoria é pensada por Diderot: no quadro de uma retórica que, recorrendo a esse lugar-comum, elabora uma peroração em prol da ideia de sistema. O que não deixa de ser uma maneira complacente de tratar os tropos da metafísica clássica.

***

O texto fundamental é o segundo parágrafo do verbete "Tear de meias", publicado em 1752 no v.2 da *Enciclopédia*. Estudado a fundo por Jacques Proust,[5] esse verbete se tornou conhecido de um público mais amplo quando foi citado por Barthes no ensaio "As pranchas da *Enciclopédia*", publicado juntamente com uma seleção de pranchas e depois anexado pelo

---

4 Diderot, "Espinosista", em Diderot; D'Alembert, *Enciclopédia, ou Dicionário razoado das ciências, das artes e dos ofícios*, v.6, p.213.
5 Jacques Proust, "L'article Bas de Diderot", em Duchet; Jalley (eds.), *Langue et langages de Leibniz à l'Encyclopédie*.

autor à segunda edição de um pequeno livro que se tornou um clássico da crítica contemporânea – *O grau zero da escrita*.⁶

> O tear de meias é uma das máquinas mais complexas e mais coerentes que temos. Pode ser considerada como um único e mesmo raciocínio; a fabricação do produto é a sua conclusão. Há entre suas partes uma interdependência tão estreita, que retirar uma delas que não pareça tão importante ou alterar a sua forma equivale a interferir no mecanismo como um todo.⁷

A dignidade atribuída a esse produto da arte humana, que Diderot toma aqui em dimensão puramente mecânica, não deve causar espanto. É que o tear mostra bem a natureza física ou material de todo raciocínio. Por mais abstratas que sejam as concepções envolvidas, e complexas as relações entre elas, o ato de raciocinar ocorre, em última instância, no cérebro de cada um, como sensação, e como tal é julgado correto ou não (ou seja, percebe-se sensivelmente a sua coerência). A simplicidade do mecanismo a partir do qual se realiza essa atividade é desconcertante; a complexidade das produções que dela resultam é surpreendente. Segue-se que uma boa Lógica, enxuta e precisa, observa Diderot, redunda, como ciência dos princípios, numa Gramática, necessariamente extensa, como ciência dos sistemas; combinadas, elas respondem pela "ciência das razões das coisas", definição que a *Enciclopédia* oferece da Metafísica. Essa ciência, por sua vez, constitui-se no domínio dos signos, em que as representações se organizam e se articulam.

---

6 Roland Barthes, "As pranchas da *Enciclopédia*", em *O grau zero da escrita*.
7 Diderot, "Tear de meias", em Diderot; D'Alembert, *Enciclopédia*, v.6, p.510.

A máquina orgânica

Com essa aproximação entre o tear, objeto concreto, e o raciocínio, que é uma abstração, Diderot sugere a possibilidade de inversão desses sentidos tradicionais, como se uma máquina pudesse ser tomada em abstrato, e o raciocínio, em concreto. Inversão natural, na pena de um filósofo que suprime o dualismo corpo/alma e toma a razão como uma função da fisiologia do cérebro. A essa materialidade pressuposta, Diderot opõe, na passagem que citamos, o caráter artístico da máquina, que é projetada e construída para a realização de um fim. O tear é perpassado por uma intencionalidade: foi pensado e construído para fabricar meias, com mais rapidez e maior eficácia que um artesão. Essa exigência se explica: a meia se tornou, no século XVIII, um objeto de consumo dotado de valor simbólico importante. Utilizada por cima da vestimenta e não por baixo dela, é, nas sociedades de corte, um índice da posição social daquele que a veste. O tear opera, literalmente, uma distinção. Desvinculado de sua finalidade, com todos os desdobramentos que ela acarreta, torna-se incompreensível, um enigma. Não existe por si mesmo, apenas no vínculo, mais ou menos remoto, com a inteligência que o concebeu e com o fim para o qual é destinado.

Comentando esse aspecto do enciclopedismo, Simondon vê, em objetos técnicos como o descrito por Diderot, uma ligação entre o indivíduo que os opera e "o meio vegetal e animal".[8] No caso do tear, essa ligação é múltipla, estende-se do elo entre o corpo do artesão que fabrica a máquina àquele entre a máquina e o operário, e deste à ligação entre a máquina, o corpo do operário que a manipula, os materiais utilizados e os produtos fabricados a partir deles, que recobrirão outros tantos corpos, dos consumidores de meias. A máquina é parte de

---

8 Gilbert Simondon, *Do modo de existência dos objetos técnicos*, p.158-9.

um circuito fisiológico de relações, recebe a ação de uma sensibilidade que, embora externa a ela, a torna protagonista de uma experiência que, de uma ponta a outra, é radicalmente sensorial (muscular, tátil, olfativa, visual).

Daí, inclusive, a possibilidade de integração entre máquina e organismo, num mesmo sistema de relações recíprocas.

> O que seria uma máquina de tear das manufaturas de Lyon, se o operário e o fiador formassem um todo sensível, junto com a trama, a malha e os fios? Seria um animal como uma aranha, que pensa, que quer, que se alimenta e se reproduz, e que urde a sua teia. Não fosse pela sensibilidade, e pela lei de continuidade do seu tecido, o animal não teria como ser *um*. Se admitirmos uma sensibilidade contínua, teremos nela a razão de uma infinidade dos efeitos ou dos diferentes *tatos*.[9]

A imagem é uma fantasia, porém verossímil, desde que se suponha que a propriedade do tecido animal – ter uma sensibilidade contínua – se estenda à máquina. É a única coisa que falta, para que o organismo forme com ela um sistema unificado pelo tato. Tal como as coisas são, existe entre a máquina e o operário uma contiguidade: é o suficiente para que eles formem um sistema provisório, que perdura durante o ato da fiação.

A metáfora que ilustra essa integração é a da aranha, proposta por Julie de l'Espinasse na segunda parte do *Sonho de D'Alembert* ("retorno sempre à minha aranha"). Tecendo os fios de sua teia, o organismo que projeta, constrói e opera máquinas é portador de uma ciência não muito diferente daquela da abelha, e que Diderot, certamente, não "desconhece": trata-se

---

9 Diderot, "Elementos de fisiologia", parte I, cap.2, em *O sonho de D'Alembert e outros escritos*.

da arte do sistema, da organização da matéria a partir da sensibilidade como propriedade fisiológica.

***

Vista à maneira de um arrazoado lógico, a máquina revela algo inusitado a respeito de si mesma: é, mais que um objeto técnico, um sistema. Com pequenos ajustes, a definição diderotiana do tear de meias poderia ser adotada, na pena de um Kant ou de um Herder, para o organismo. Na máquina como no organismo, temos um objeto complexo que se encerra em si mesmo, formado por partes que se integram umas às outras e compõem uma totalidade funcional. Essa integração é completa: privado de uma das partes, como sublinha Diderot, o sistema se desfaz. O tear evoca, ainda, a mônada leibniziana: completo em si mesmo, remete a outras totalidades (a inteligência que o criou, a que o opera, as meias que ele produz, os corpos que elas ornam), que, por seu turno, o evocam. Voltaremos a esse ponto. Por ora, não custa destacar: apreensível como ideia geral, essa máquina dificilmente se deixa reduzir às ideias particulares de que é formada. A descrição mais minuciosa de um sistema formado por um sem-número de partes, das mais conspícuas às minúsculas, não equivale a uma imagem da máquina.

Mas, se a comparação entre máquina e organismo é possível, é porque, ao mesmo tempo, ela tem um limite claro. Assim como, estritamente falando, uma máquina como o tear, embora realize um cálculo, não é um raciocínio, ela tampouco é um ser vivo, pois é fabricada e não gerada. Essas propriedades se excluem reciprocamente: um objeto fabricado não pode ser dado por geração, um objeto gerado não pode ser fabricado. Na época de Diderot, essa diferença se tornará um lugar-comum, ao qual os metafísicos nem sempre davam atenção, mas do qual os espíritos mais finos estavam plenamente cientes. Entre o refinamento e a erudição, a escolha é óbvia, e mesmo Fontenelle, um cartesiano convicto, não hesita zombar dos que confundem coisas radicalmente distintas: "Dizeis que os animais são máquinas como os relógios. Pois então juntai um cão-máquina e uma cadela-máquina, e vede se eles não farão juntos uma terceira máquina, pequenina. Se juntardes dois relógios, eles podem passar juntos uma vida inteira, mas jamais farão um terceiro".[10]

Desde que seguida à risca, essa injunção à metafísica cartesiana permite recuperar o cartesianismo como linguagem figurada, como discurso em que os objetos técnicos são enunciados por alusão aos seres organizados. É o que acontece, por exemplo, no verbete "Bomba d'água", que Diderot redige para o volume 6 da *Enciclopédia* (1756):

> A operação da bomba d'água é extraordinária. A crermos no sistema de Descartes, em que as máquinas são consideradas como animais, deve-se convir que, na construção da bomba d'água, o homem imitou de perto o Criador; e todo cartesiano coerente haverá de considerá-la como uma espécie de animal vivo, que, por meio do ar, aspira, age e se move por si mesmo, desde que disponha de calor.

Inversamente, referindo-se ao animal como máquina, o naturalista poderá lançar luz sobre certos fenômenos que, de outro modo, permaneceriam na penumbra, lançando mão do modelo da máquina "na medida em que ele permite traduzir o ser vivo".[11] Ouçamos Buffon no artigo "Cão", da *História Natural*:

---

10 Fontenelle, *Œuvres diverses*, v.I, p.31.
11 Palavras de Jacques Chouillet, *Diderot: poète de l'énergie*, p.291.

Conquistar uma espécie dócil e corajosa como o cão foi como adquirir novos sentidos e faculdades que antes nos faltavam. As máquinas e os instrumentos que imaginamos para aperfeiçoar nossos sentidos e ampliar seu alcance não se aproximam, quanto à utilidade, dessas máquinas perfeitas que a Natureza nos ofereceu, e que, suprindo a imperfeição de nosso olfato, oferecem-nos grandes e eternos meios para vencer e reinar.[12]

O cão deixa de ser uma espécie apartada da humana, que, por sua vez, entra em uma relação de simbiose com ele. Aprimorando os sentidos humanos, dando ao corpo de seu dono uma extensão praticamente ilimitada, o cachorro se torna órgão, parte de uma máquina complexa que os instrumentos de fabricação humana jamais poderiam igualar. A tecnologia como vitalismo, a História Natural como fábula, tais são as consequências mais imediatas da redução da metafísica a um discurso.

***

Esse mesmo ponto é ilustrado concretamente, à vista de todos, por um dos prodígios da arte mecânica do século XVIII: o autômato comentado por D'Alembert em verbete homônimo, publicado em 1751 no v.1 da *Enciclopédia*.[13]

O texto começa com uma definição protocolar: "autômato, engenho que se move por si mesmo, ou máquina que traz em si o princípio de seu movimento", detalhada na exposição de D'Alembert, que comenta duas invenções de certo Vaucanson, renomado douto cujos autômatos foram, por algum

---

12 Buffon, *História Natural*, p.615.
13 D'Alembert, "Autômato", em Diderot; D'Alembert, *Enciclopédia*, v.6, p.70.

tempo, a maravilha da Europa das cortes. "O flautista autômato do sr. Vaucanson, membro da Real Academia de Ciências, é, ao lado do pato e de outras máquinas de sua autoria, uma das obras mais célebres do gênero nos últimos tempos." Para nosso deleite, D'Alembert se concentra no pato e remete o leitor ao verbete "Androide" para a descrição do flautista ("autômato de figura humana, que, por meio de certos mecanismos devidamente ajustados, move-se e realiza outras funções aparentemente similares às de um homem"; um androide é uma analogia).[14] D'Alembert mencionará ainda um tamborileiro.

Nas três máquinas, atua um mesmo princípio: o movimento espontâneo, sem a intervenção de "causas ocasionais" (nessa medida, uma máquina pode ser a resposta a uma questão oriunda de abstrações conceituais, como se um autômato de fabricação humana desmentisse a teoria do animal-máquina e do dualismo concomitante a ela). Nas três, ocorre a imitação de seres que não foram fabricados pelo homem e encontra-se a vigência de um mesmo dispositivo que regula essa imitação e a limita. Qual seja, a dissimilaridade entre a arte e os objetos imitados, dada em pontos cruciais, que, apesar da semelhança geral, reiteram as diferenças cruciais entre os objetos assimilados. Assim, tudo no pato vai bem, exceto pela digestão: ele expele o mesmo que ingeriu, a forma e a textura do "alimento" não são alteradas ao passar por seu "sistema digestivo"; o tamborileiro é um músico perfeito, na verdade perfeito demais, pois executa movimentos que um ser humano não seria capaz de realizar com a mesma destreza e precisão.

Evidências de que esses objetos não têm uma alma? Por certo que sim; mas os pontos para os quais D'Alembert chama

---

14 D'Alembert, "Androide", em Diderot; D'Alembert, *Encyclopédie*, v.I, p.448a.

a atenção mostram, ainda, que eles tampouco têm corpo. Seriam por isso aberrações? Não iremos tão longe. Os cortesãos que se divertem observando seus movimentos aprendem com eles a ver o que há de desnaturado em um princípio de atividade dissociado de uma matéria, e compreendem, se quisermos, que, quando se fala em "alma", se está a falar em algo que pressupõe um corpo e quiçá é inerente a ele. Ou, como diz Diderot, dessa vez a propósito dos modos "convencionais" de atuação teatral, "vossas regras vos fizeram de madeira, e, à medida que são multiplicadas, vos automatizais; elas são como um Vaucanson que acrescenta um dispositivo a mais a seu flautista".[15] O próprio Descartes advertira, pondo de lado por um instante as exigências de seu sistema: o engenheiro é um metafísico que, ciente das regras da arte, sabe a diferença entre um ser vivo e uma máquina de feitura humana.[16]

As considerações de D'Alembert ocorrem num verbete classificado sob a rubrica da "Mecânica", mas, vale notar, são quase um decalque de notas de Boerhaave citadas por Diderot na *Carta sobre os surdos-mudos*: "um autômato é uma máquina que realiza vários movimentos sem outra causa que o próprio mecanismo de suas partes, que, uma vez postas em movimento, continuam a se mover, devido a essa mesma causa".[17] Com essa definição, a mecânica do corpo é isolada da interferência da vontade ou do intelecto, que o fisiologista relega a

---

15 Citado em: Marie-Irène Igelmann, "La Métaphore du mannequin chez Diderot", em Aurélia Gaillard; Marie-Irène Igelmann (orgs.), *Diderot et les simulacres humains: mannequins, pantins, automates et autres figures*, p.116.
16 Ver Thierry Gontier, "Descartes et les animaux-machines: une réhabilitation?", em Jean-Luc Guichet (org.), *De l'Animal-machine à l'âme des machines*, p.34-6.
17 Diderot, *Carta sobre os cegos / Carta sobre os surdos-mudos*, p.132.

segundo plano. Boerhaave explica, ainda, evocando Descartes, que o corpo humano é "como um relógio", porém defectivo, que deve ser reparado a partir do "conhecimento da correta estrutura", de modo a "identificar os defeitos das partes e os meios mais adequados para consertá-las".[18] Essas operações cabem ao médico, que identifica as partes danificadas e intervém para repará-las, como um relojoeiro às voltas com aparelhos que funcionam mal ou deixaram de funcionar.

Mecanicismo estrito, que Diderot e os enciclopedistas tratam de revisar, alterando o acento das considerações de Boerhaave ao propor, em adição a elas, a ideia de um relógio que se conserta a si mesmo. É o que acontece a certa altura, no verbete "Filósofo":

> Outros homens são determinados à ação sem que sintam ou conheçam as causas que os fazem se mover, nem sequer imaginam que elas existiriam. O filósofo, ao contrário, deslinda as causas, na medida de suas capacidades, e muitas vezes chega mesmo a prevê-las, entregando-se a elas ciente do que se passa. É, por assim dizer, um relógio, que amiúde se monta a si mesmo. Ele evita os objetos que poderiam causar sentimentos inconvenientes ao bem-estar e ao ser racional, e busca pelos que possam excitar afeições convenientes ao estado em que ele se encontra.[19]

O cão pode não ser um relógio, como lembra Fontenelle. Mas o filósofo, se quiser, pode tomar essa mesma máquina

---

18 As citações de Boerhaave foram extraídas de John P. Wright, "Metaphysics and Physiology", em Mary A. Stewart (org.), *Studies in the Philosophy of the Scottish Enlightenment*, p.256. Adotamos a glosa proposta pelo autor.

19 Dumarsais, "Filósofo", em Diderot; D'Alembert, *Enciclopédia*, v.2, p.291.

como metáfora de si mesmo, e compreender assim, em chave sistemática, ou, se preferirmos, "orgânica", que a reflexão racional está ligada diretamente à manutenção de sua própria máquina, ou ao bem-estar de seu corpo.

Não sem uma pitada de ironia, Diderot aplica esse esquema a Leibniz, que ele considera, de todos os filósofos, o mais inteligente.

> Pode ter certeza, quando Leibniz se fecha, aos vinte anos, em seu gabinete, e passa os trinta anos seguintes vestido em seu robe, enfurnado nas profundezas da geometria ou perdido nas trevas da metafísica, só lhe ocorre pensar em um cargo na universidade, em deitar-se com uma mulher, em encher de ouro um velho baú, quando chega a hora de sua morte. É uma máquina de refletir, assim como o tear de meias é uma máquina de tecer.[20]

O filósofo como tear de meias, híbrido de máquina e organismo, encarna uma finalidade que ele mesmo escolhe e para a qual converge a força de todas as outras paixões – ainda que, na última hora, estas venham lhe perturbar a imaginação. Pouco importa: no retrato de Diderot, Leibniz é um homem feliz, que só faz o que quer. É como uma máquina que se faz e refaz a si mesma, a cada passo, ou a cada raciocínio: o prazer da filosofia mais abstrata e mais rarefeita, enraizada no corpo que se dedica exclusivamente a ela. A comparação entre o filósofo e o tear espelha simetricamente aquela entre o tear e um raciocínio:

---

20 Diderot, "Réfutation d'Helvétius", em *Œuvres philosophiques*, p.490. Ver também "Leibnitzianisme ou Philosophie de Leibniz", em *Encyclopédie*, v.IX, p.369b. Uma variação do mesmo tema é a célebre "máquina Rafael", de produzir quadros, evocada no *Passeio Vernet*.

enquanto este produz meias, Leibniz produz a imagem de um mundo como dobra (*pli*), "o cosmos como túnica dobrada".[21]

> Diderot: – O filósofo é um instrumento sensível, e é, ao mesmo tempo, músico e instrumento. Por ser sensível, tem a consciência momentânea do som que produz, por ser animal, tem também a sua memória. Essa faculdade orgânica, que liga os sons entre si, conserva-os em uma melodia.
>
> D'Alembert: – Entendo. Portanto, se esse instrumento sensível e animado for dotado, ainda, das faculdades de nutrir-se e de se reproduzir, ele viverá e engendrará, a partir de si, ou com uma fêmea, pequenos instrumentos, vivos e ressonantes com ele.[22]

***

A descrição do tear corpo-máquina é um exercício delicado, como fica claro pela própria composição do verbete. É um texto em desequilíbrio, formado por considerações de duas ordens – teórico-histórica e descritiva, sendo que a primeira ocupa uns poucos parágrafos, enquanto a última se distende por páginas e mais páginas. Para o leitor que nunca viu essa máquina, a *Enciclopédia* oferece, em pranchas publicadas vinte anos após o verbete, ilustrações que lhe dão uma ideia geral do objeto, mas que não correspondem exatamente à sua descrição, muito mais detalhada do que as imagens. O efeito geral é desconcertante. De um lado, um discurso interessantíssimo na parte explicativa, porém quase ilegível na descritiva; de outro, pranchas

---

21 Na expressão de Horst Bredekamp, *Les Fenêtres de la monade: Leibniz, art et théatre de la nature*, p.21-6.

22 Diderot, *O sonho de d'Alembert e outros escritos*, p.41-2. Essa passagem remete às considerações sobre o clavecino em Diderot, *Carta sobre os cegos*; ver a respeito Maria das Graças de Souza, *Natureza e ilustração: sobre o materialismo de Diderot*, p.25-45.

que remeteriam a essa descrição, mas que terminam, provavelmente, substituindo-a.

Nesse jogo de referências desencontradas, o discurso enciclopédico dá a conhecer um artefato importante, que define em alguma medida a sua época, e, na tentativa de mostrá-lo, termina por deixar claro que é impossível exibi-lo por completo. O discurso é incapaz de dar conta do tear, e, mesmo que o víssemos em operação – por exemplo, em alguma senzala da Vila Rica de Ouro Preto –, essa experiência não equivaleria ao relato que daríamos dela. Com o tear, tudo se passa como se fosse um ser vivo, cuja operação se dá a conhecer a partir de alguns sinais externos. Em vez de falar da máquina, resta comentar o seu produto, referir-se ao resultado do seu "raciocínio".

Convém não esquecer que, quando Diderot escreve o verbete "Tear de meias", ele é também, na *Carta sobre os surdos-mudos*, o filósofo do ideograma, do hieróglifo – da figuração não discursiva, que eclode em pleno discurso. Com a palavra, Franklin de Mattos:

> Por meio da sensação, nossa alma percebe várias ideias simultaneamente, depois representadas de maneira sucessiva pelo discurso. Se a sensação pudesse comandar vinte bocas ao mesmo tempo, as múltiplas ideias percebidas instantaneamente também seriam expressas do mesmo modo. Na falta dessas bocas, juntam-se várias ideias a uma só expressão. Quando isso se dá, entramos no domínio da poesia. O que define seu "espírito" é justamente esse poder de transformar o discurso sucessivo em linguagem simultânea (em hieróglifo ou emblema). Quanto mais próxima dessa unidade original, mais poética e enérgica a expressão.[23]

---

23 Franklin de Mattos, "A cadeia secreta: materialismo e conversação", em *A cadeia secreta: Diderot e o romance filosófico*.

Para entender o tear de meias, decifrar o enigma que ele põe ao filósofo moderno e ao seu leitor, pensemos nele como um raciocínio, mas, também, olhemos para ele como um ser vivo que raciocina. É o suficiente para que, a partir de sua presença na sensação, como imagem equívoca, forme-se em nosso cérebro uma ideia clara e límpida, com toda a vivacidade de uma abstração bem-feita. Diderot nos convida, à sua maneira, a tomar a mônada de Leibniz como um esquema geral que se aplica tanto aos corpos vivos, ou orgânicos, ditos "autômatos naturais", quanto aos "autômatos artificiais". Com essa diferença: contrariamente ao que afirma a *Monadologia*, "uma máquina feita pela arte do homem" também é "máquina em cada uma de suas partes", e, em certo sentido, também o é "até o infinito".[24]

* * *

Diderot escreveu o verbete "Arte" para a *Enciclopédia*, mas publicou-o antes do primeiro volume, num fascículo de divulgação que incluía, ainda, o verbete "Abelha", escrito por Daubenton. Par curioso, no qual reina, contudo, uma harmonia. Em 1751, a abelha se tornara um animal célebre na França, graças à *História dos insetos*, de Réaumur. Sua dignidade se deve ao seu instinto, que a leva a se reunir em uma espécie de sociedade voltada quase exclusivamente para uma atividade técnica, a fabricação do mel. Entenda-se: a ideia de instinto, tão forte e tão presente na filosofia e na história natural do século XVIII, é física, trata-se de um *a priori* da espécie, que a distingue das demais, e que está ligado à sua conformação orgânica própria. Ora, é a partir desse *a priori* que se realizam dotações naturais, e

---

24 Leibniz, "Monadologie", em *Discours de métaphysique, suivi de Monadologie*, p.108.

é com ele que surgem desenvolvimentos adquiridos, o instinto é o princípio de uma arte que se adquire e que, em alguns casos, se aprimora com a aquisição da consciência das regras. Mas a abelha não precisa dessa consciência, é uma artista perfeita em seu gênero, que faz suas obras sem ser ensinada e obedece a um instinto da natureza, suficiente para que ela proceda infalivelmente na execução de sua meta. O verbete "Arte" fala sobre um instinto que se consuma num sistema de regras. À diferença da abelha, o animal humano observa, analisa, e expõe os resultados desse processo. Percorrendo-os, ele aprende a fazer de novo, com variações, o que a natureza o ensinou de um só jeito. É uma abelha inquieta, que não se contenta com o que tem.

> Um exemplo. Refletimos sobre o uso e o emprego das palavras e inventamos em seguida a palavra Gramática. Gramática é o nome de um sistema de instrumentos e regras relativas a um objeto determinado, o som articulado, os signos da fala, a expressão do pensamento, e tudo o que tem a ver com eles. O mesmo acontece em outras ciências e artes.[25]

O sistema é posterior ao ato, os princípios vêm da natureza, as regras, da arte. Para se tornar humano, o animal que fala e raciocina tem, primeiro, de ser abelha. A ciência que então adquire, frequentando a natureza ou dando vazão a seus instintos, deve permanecer com ele. Isso vale para toda e qualquer arte ou ciência. O verbete "Arte" não menciona as belas-artes, pois se trata, precisamente, de mostrar que todo fazer artístico obedece à mecânica inscrita no organismo de quem faz. Barthes viu na *Enciclopédia* uma celebração ingênua das técnicas manuais e da manufatura. Não se deu conta da ousadia do

---

25 Diderot, "Art", em Diderot; D'Alembert, *Encyclopédie*, v.I, p.713b-714a.

gesto de Diderot, que, equiparando a arte humana à dos animais, suprimiu, de um só golpe, a velha hierarquia entre as artes liberais e as mecânicas. Diderot quer pensá-las juntas, inclusive para examinar a validade do sistema de valores que organiza os gêneros das próprias artes liberais, da pintura ao teatro.[26]

A ideia de que às artes, no plural, corresponde a figura do artista, no singular, é recente, e, quando Diderot escreve, não se tornara parte do senso comum.[27] Nas páginas da *Enciclopédia*, o "artista" é definido, em consonância com o verbete "Arte", como o *ouvrier* de excelência nas artes mecânicas que pressupõem a inteligência", à diferença do artesão, "que professa, dentre as artes mecânicas, as que requerem menos inteligência". Por exemplo, "um bom sapateiro é um bom artista, um relojoeiro habilidoso é um grande artista".[28] Essas definições não excluem os que se dedicam às "artes liberais", ao contrário, preparam o terreno para que o poeta, o pintor, o escultor e outros sejam considerados "artistas", e não artesãos, pois lidam com a fabricação de objetos que, pela complexidade, requerem uma inteligência mais do que comum. A diferença entre essas classes, porém, não é qualitativa. O que separa o artesão do artista não é a posse de um talento à parte, mas a quantidade desse talento. Nesse sentido, o relojoeiro é um homem à parte tanto quanto o pintor. Além disso, o artesão possui, em grau suficiente, a qualidade sem a qual nenhuma arte, no sentido mais geral, poderia existir. O sapateiro, tanto quanto o relojoeiro ou o poeta, produz um objeto que é a

---

26 Ver a respeito Vinicius de Figueiredo, *A paixão da igualdade: uma genealogia do indivíduo moral na França*, p.216-25.
27 Ver Nathalie Heinich, *Du Peintre à l'artiste: artisans et académiciens à l'âge classique*, cap.7.
28 "Artiste"; e "Artisan", em Diderot; D'Alembert, *Encyclopédie*, v.I, p.745.

exposição de um raciocínio, não importa qual a sua conclusão. Toda conclusão é funcional: o par de sapatos ou de meias que reconforta os pés, o relógio que mostra as horas com precisão e se deixa exibir com elegância, um poema que agrada aos ouvidos, uma tela que atrai os olhos, e assim por diante. Se fabricar é raciocinar, o objeto fabricado é um bom raciocínio quando produz esse efeito.

Essas considerações têm consequências óbvias para a filosofia.

> Se fornecei à mais modesta das costureiras como modelo de vestido uma forma singular e lhes propondes que façam outro semelhante, elas terão naturalmente a ideia de desfazer e refazer esse modelo para aprender o vestido que pedis. Elas conhecem, portanto, a análise, tão bem quanto os filósofos, e conhecem sua utilidade bem mais do que aqueles que se obstinam em sustentar que haveria outro método de instrução.[29]

Quem fala desta vez não é Diderot, mas Condillac, que parece estar retomando, à distância de trinta anos, em 1780, os pensamentos de seu amigo de juventude. Toda fabricação, toda arte ou técnica, é um montar, desmontar e remontar, e todo conhecimento é sistema, ou máquina de produzir efeitos. Com esse vocabulário fortemente mecanicista, Condillac mostra que isso de "arte", "ciência" ou "filosofia" é o que qualquer um, treinado num procedimento, sabe fazer com aquilo que a natureza, ou corpo, lhe deu, juntamente com uma espécie de instinto. "É um método reconhecido por todos" e que está ao alcance de todos: "tornamo-nos mecânicos pelo hábito

---

29 Condillac, *Lógica e outros escritos*, I, 3, p.35.

de operar", que, "uma vez adquirido", dispensa o conhecimento das regras.³⁰ As crianças começam a falar antes de aprender as regras do discurso e a gramática da sua língua.³¹ Malgrado a pompa e solenidade com que se apresenta, um sistema filosófico, científico ou religioso vale tanto quanto tenha de analogia com esse conhecimento instintivo das regras naturais. A máquina como ideia geral, extensão do instinto: o organismo como modelo último de sua fabricação. A costureira como mestra do filósofo – fiadora de um saber que os poetas consideram divino.

> Quantas vezes para contemplar os seus admiráveis lavores
> Não abandonaram as ninfas os arvoredos do seu Timolo,
> Não abandonaram as suas águas as ninfas do Pactolo.
> E não era só um prazer contemplar as vestes por ela tecidas,
> Mas também vê-la trabalhar (tal encanto presidia à sua arte!),
> Ora a formar primeiramente em estrigas a lã em bruto,
> Ora a trabalhá-las com os dedos e a amaciar a lã, semelhante
> A nuvenzitas, e a puxá-la, vez após vez, formando longos fios,
> Ora a fazer girar o polido fuso com seu ágil polegar,
> Ora, enfim, a bordar com a agulha: dirias ensinada por Palas!³²

***

O filósofo-fiandeiro, tecelão de sistemas, trabalha com materiais que encontra pela experiência, verifica sua procedência, observa a sua recorrência, identifica regularidades ali, onde tudo parece ser mais inconstante. À maneira das agulhas com que as tecelãs fiam suas peças, em um movimento de vaivém, o

---

30 Ibid., I, 1, p.27, nota.
31 Ibid., I, 1, p.27.
32 Ovídio, *Metamorfoses*, Lv.VI, p.14-23.

investigador da natureza tem, numa das mãos, os sentidos, e, na outra, a reflexão:

> Os homens começaram a sentir a que ponto as leis de investigação da verdade são severas e quão limitado é o número de meios à nossa disposição. Tudo se reduz a ir dos sentidos à reflexão e da reflexão aos sentidos: entrar em si e sair de si, continuamente. É o trabalho da abelha. Em vão ela baterá o terreno, se não retornar à colmeia carregada de cera; e seus montinhos de cera serão inúteis, se com eles não moldar os favos.[33]

Diderot parafraseia Bacon, que, no *Novum organon*, escrevera:

> A abelha coleta os seus materiais das flores dos jardins e dos campos, mas os transforma e os digere com uma faculdade que lhe é própria. O verdadeiro trabalho da filosofia é à imagem deste. Não se apoia única ou principalmente nas forças do espírito; quanto aos materiais oferecidos pela história natural e pelos experimentos mecânicos, não os dispõe tais como se encontram na memória, mas como o entendimento os modificou e os transformou.[34]

Para falarmos com Diderot, a reflexão constrói os favos com os materiais que lhe são oferecidos pelos sentidos. Com essa imagem bucólica, de um conhecimento construído ao ar livre, por um investigador que sai de si e retorna a si em movimento pendular, Diderot dá uma ideia da mecânica que preside às mais nobres atividades dos organismos.

---

33 Diderot, *Pensamentos sobre a interpretação da natureza*, aforismo 9.
34 Citado e comentado por Didier Deleule, "Une Fable pour l'histoire de la philosophie: la fourmi, l'araignée et l'abeille", em *Francis Bacon et la réforme du savoir*, p.182-3.

3.
A distribuição do prazer

No verbete "São Salvador", da *Enciclopédia*, sobre a capital da colônia portuguesa do Brasil, Jaucourt observa "como lá é impossível se servir de carruagens", devido à topografia irregular da cidade,

> Os escravos fazem o papel de cavalos e transportam todas as mercadorias de um lugar para outro; carregam também os habitantes sobre uma espécie de leito de pano suspenso por duas pontas. Esse leito, ou liteira, é coberto com um galão onde estão penduradas cortinas que impedem que se seja visto e protegem do sol. Fica-se muito à vontade nesse leito; a cabeça repousa numa almofada e o corpo sobre um pequeno colchão adequadamente costurado; o calor violento do clima e a moleza extrema dos habitantes tornaram essas redes muito comuns não somente para fazer visitas, mas também para ir à igreja.[1]

---

[1] Jaucourt, "San Salvador", em Diderot; D'Alembert, *Encyclopédie ou Dictionnaire raisonnée des arts, des sciences et des métiers*, v.14, p.582.

A redução do escravo ao animal é dupla: transporta cargas como os cavalos ou jumentos e, também como eles, transporta os seus senhores, como se apenas estes fossem humanos. O enciclopedista pontua essa constatação com uma ironia discreta, o contraste entre o vigor físico do escravo e a moleza de seu senhor, à qual vem se acrescentar, ainda, a sua superstição – que, na sequência do verbete, será complementada pela rusticidade, do homem livre que anda pelas ruas com a arma à mostra na bainha. O escravo tem lugar de destaque na vida urbana, pois garante, de um lado, a circulação da riqueza e, de outro, o conforto que resulta desta última para o senhor, que é o proprietário da mão de obra que a produz. Como mostrou Gilberto Freyre em páginas que hoje lemos com desconforto, o papel do escravo na produção da riqueza colonial é indissociável daqueles do animal – leia-se: do animal não humano – e da máquina.[2] Sob a supervisão dos senhores, combinam-se no cultivo da terra, na extração e na preparação do açúcar e de outros produtos que, uma vez refinados, fazem a delícia do mundo elegante nas capitais europeias. Propiciam, além disso, o bem-estar daquela elite subalterna que, nos centros urbanos coloniais, asseguram o interesse ultramarino das metrópoles.

Esse verbete é apenas um exemplo, dentre muitos, de como a literatura filosófica do século XVIII se apropriou daquele fenômeno histórico – a colonização e a invasão das Américas – que tornou possíveis a abundância e o luxo das metrópoles europeias. Embora não se inscreva diretamente na rubrica da economia política, o verbete sobre a capital da província da Bahia alude a toda uma reflexão que se desenvolve, precisamente, sob os auspícios dessa nova ciência moral. Com efeito, a imbricação

---

[2] Ver Gilberto Freyre, *Sobrados e mucambos*, v.2, cap.10: "Escravo, animal e máquina".

entre o escravo e o animal, e entre estes e a máquina, é um dos tópicos centrais da economia política nascente, que coloca a questão da relação entre esses elementos, aparentemente díspares, a partir de uma ideia geral norteadora, de economia animal – que permitirá pensar não somente a economia da espécie humana, mas também a das máquinas que esta constrói.³

***

Na economia política nascente, o escravo (moderno) é tratado de forma ambígua.⁴ Não sem alguma hesitação, os fisiocratas terminam por adotar o veredicto de Buffon, emitido em meio a ponderações de que o negro africano é, apesar de tudo, membro da espécie humana (o que Buffon nem sequer chega a questionar, no caso dos "selvagens americanos").⁵ Ocorre, no entanto, que todo indivíduo humano tem uma economia animal própria, a de sua espécie, com muitos traços em comum com a de outras espécies de animal. A questão da humanidade do escravo é inseparável daquela da animalidade de todo ser humano, seja ele livre ou não para vender seu trabalho a outros.

Na "História Natural dos quadrúpedes", Buffon estabelece duas classes de animais, o doméstico, que é um "escravo" a serviço dos desejos e caprichos humanos, e o selvagem, "que só

---

3 Para a história desse termo polissêmico, ver Bernard Balan, "Premières recherches sur l'origine et la formation du concept d'économie animale", *Revue d'Histoire des Sciences*, v.28, n.4, p.289-326, 1975.
4 Sobre as diferenças entre a categoria moderna de escravidão e as antigas, ver Paulin Ismard, *La Démocratie contre les experts: les esclaves publiques en Grèce ancienne*.
5 Ver Michèle Duchet, *Anthropologie et histoire au siècle des lumières*, p.160-70; e Jean Erhard, *Lumières et esclavage: l'esclavage et l'opinion publique en France au XVIIIᵉ siècle*, cap.5.

obedece à Natureza" e "não conhece outras leis além da liberdade e da necessidade".[6] O animal doméstico, que não é livre, nem sequer pode se entregar à necessidade natural, pois é constrangido pela atividade forçada, que visa à satisfação de outro. Por isso, a descrição do animal selvagem é mais fácil, pois nele se encontra intacto tudo o que é dado pela Natureza, ao passo que a do doméstico é mais complicada, pois, à sua estrutura original, acrescentam-se as modificações introduzidas pelo uso e pela arte humanas.[7] Buffon atribui ao animal "dois modos de existência, o movimento e o repouso", ao qual correspondem dois estados, "a vigília e o sono, que se alternam ao longo de toda a sua vida". No primeiro desses modos ou estados, "todas as molas da máquina animal são ativadas", no outro, "apenas uma parte delas", sendo que tudo o que atua durante o sono atua também, necessariamente, durante a vigília. No sono, portanto, encontra-se a "parte fundamental da economia animal" sem mistura à outra, que "se exerce em intervalos alternados".[8] O despertar e o sono são fenômenos temporais cíclicos, que retornam em períodos constantes e ocorrem "independentemente das causas externas". Essa independência traça, aos olhos do observador, os contornos do animal como estrutura autônoma dotada de leis próprias e de um princípio à parte: "o movimento vital", cuja continuidade é garantida pela alternância entre repouso e ação. Por isso, quando Rousseau destaca, no "Discurso sobre a desigualdade", que o homem natural dorme longamente e com gosto, desde que se sinta ao abrigo de ameaças e agressões, ele assinala com isso, na esteira de Buffon, que se trata de uma criatura que ainda

---

6 Buffon, *História Natural*, p.515-665.
7 Id., *Histoire Naturelle, générale et particulière*, v.4.
8 Id., *História Natural*, p.433.

não teve alterado o ciclo natural de sua existência – ao contrário do homem social, que, dedicado a seus múltiplos afazeres, desaprende a dormir.[9] Permanecendo em contato íntimo com o movimento vital, o animal selvagem, humano ou não, é como que o efeito desse processo fisiológico integrado que Buffon chama de "economia animal", expressão equívoca, de diferentes acepções no século, mas que ele emprega com um sentido definido. Na "primeira parte da economia animal", temos os pulmões e o coração, ou a respiração e a circulação; na segunda, "os sentidos, o movimento do corpo e seus membros". Quando dorme, o animal como que se encerra em si mesmo; ao despertar, retorna sua relação com o mundo ao redor. Essa alternância é automática, e, para explicá-la, não é preciso mais que um princípio vital de propulsão física – que, no entanto, permanece indeterminado. A conclusão se impõe: assim como a economia do animal doméstico é degenerada, em relação à do animal selvagem, a do homem escravizado também, em relação à do homem selvagem bem como à do homem livre, que, ao menos teoricamente, decide como e quando quer trabalhar.

A essa variável vem se acrescentar a utilização de instrumentos e máquinas, seja no cultivo da terra, seja na fabricação de manufaturas. Esse uso se define em termos de força. O emprego de instrumentos e máquinas incrementa e potencializa uma qualidade inscrita nos corpos, que, devido à sua anatomia óssea e à sua fisiologia nervosa e muscular, são capazes de imprimir movimento a outros corpos, e não apenas de receber um movimento deles. O desgaste alheio é a condição para o meu conforto. Tal é um dos imperativos da análise econômica:

---

9 Jean-Jacques Rousseau, "Discurso sobre a origem e os fundamentos da desigualdade entre os homens", em *Escritos sobre a política e as artes*, p.180-1.

identificar as condições em que o conforto de alguns corpos pode ser garantido pela extenuação de outros. Questão de natureza política, porque esses corpos vivem sob as leis de um soberano, mas que se põe e se resolve no domínio da fisiologia da espécie. O conforto é uma questão de usufruto das faculdades naturais inscritas na economia da natureza humana.

***

Formulado em termos de economia política, esse mesmo problema adquire novos contornos. Escreve Quesnay: "A lavoura da terra é para os cavalos e os bois, não para o homem". Comentando essa frase, Catherine Larrère explica:

> O argumento econômico que liga o máximo de gozo à maior diminuição possível de esforço, e, logo, à redução de custos pela substituição do trabalho humano pelo trabalho de animais ou máquinas, funciona no seguinte contexto. Como o trabalho não é uma característica antropológica, que permita estabelecer um corte entre o homem o animal, Quesnay pode estabelecer, a partir desse ponto de vista, uma continuidade entre o homem, o animal e o instrumento, tal que permite a substituição de cada um deles pelo outro no processo produtivo.[10]

Na partilha sensível dos prazeres físicos, a economia é um fator condicionante. Economia animal: o prazer como função da fisiologia da sensação. Economia política: o prazer como estado incompatível com o trabalho. Essa tensão se põe de

---

10 O texto de François Quesnay comentado nessa passagem é "Sur Les Travaux des artisans", citado em Catherine Larrère, *L'Invention de l'économie au XVIIIe siècle: du droit naturel à la physiocratie*, p.200.

forma aguda desde o nascimento da "economia política" como disciplina filosófica, na segunda metade do século XVIII. Sua formulação mais nítida se encontra em Quesnay, que, nos escritos sobre direito natural, encontra no usufruto da terra pelo senhor, a partir do trabalho assalariado, escravo e/ou animal, a condição do gozo pleno das faculdades fisiológicas de seu corpo. O desprazer alheio é a condição do meu próprio prazer, na medida em que me libera do trabalho extenuante do cultivo do solo, do qual vem o ganho que propicia não apenas um nível mínimo de conforto – o não comprometimento com a lavoura – como também a extensão e a multiplicação dessa condição privilegiada. O corpo do senhor de terras tem não apenas o privilégio de não se desgastar como também de se fortalecer e como que se ampliar, por meio da aquisição de bens que, pela posse garantida na lei, se tornam seus.

O gozo (*jouissance*) é definido como uma função do esforço físico dedicado ao trabalho, e aumenta em proporção inversa à diminuição da quantidade de tempo consagrada a este: quanto menos trabalho, mais prazer. Na lavoura da terra, quem sofre menos, pois apenas administra o trabalho alheio, adquire condições de desfrutar de certos estados físicos agradáveis que de outro modo lhe seriam inacessíveis. O gozo supremo é reservado ao proprietário das terras, que não trabalha diretamente nelas, mas ao qual está destinada a riqueza que elas produzem.[11]

---

11 Não admira que os fisiocratas tenham flertado com a ideia do despotismo como forma de governo, a mesma denunciada por Montesquieu em *Do espírito das leis*. Como explica Alain Grosrichard, "o domínio despótico se manifesta na sua forma mais pura quando o senhor se libera de qualquer participação, ainda que seja para dirigi-la, para o trabalho dos escravos [...]. Assim, a mais elevada liberdade é associada à maior capacidade de gozar". Alain Grosrichard, *Estrutura do harém: despotismo asiático no Ocidente clássico*, p.17. Essas

Como mostra Larrère, essa consideração decorre da crítica dos fisiocratas a Hobbes (não importa se justa ou não). O direito do homem à vida não se esgota, como quer o autor do *Leviatã*, em sua própria pessoa. Engendra um suplemento, o direito à propriedade da terra, único bem "produtivo" (os demais são ditos "estéreis"). Desde que devidamente explorada, em obediência aos ciclos sazonais da natureza, a terra multiplica seus frutos para além das necessidades imediatas que levam ao seu cultivo, garantindo ao homem a base da sua subsistência, condição mínima a partir da qual o prazer e a dor serão experimentados não em relação a uma falta essencial a ser suprida, mas enquanto estados positivos.[12]

A essa crítica vem se juntar outra, complementar a ela, endereçada a Locke.

> Mesmo no puro estado de natureza, quando são inteiramente independentes, é apenas por meio do trabalho que os homens gozam do seu direito natural às coisas de que necessitam, ou seja, fazendo o que é necessário para obtê-las. Assim, o direito de *todos a tudo* se reduz ao que cada um é capaz de obter por si mesmo, por meio da caça, da pesca ou da colheita de frutos que nascem naturalmente. Para terem êxito nessas tarefas, precisam de todas as faculdades do corpo e do espírito, bem como de meios e instrumentos sem os quais não poderiam agir nem satisfazer suas carências. O gozo de seu direito natural é, assim, muito limitado, no puro estado de natureza e de independência, no qual, em nossa suposição, eles não se auxiliam reciprocamente, e onde os fortes podem usar a violência injustamente contra os fracos. Quando entram em sociedade, e

---

linhas glosam o livro I da *Política* de Aristóteles, ao qual iremos retornar mais à frente.
12 Larrère, *L'Invention de l'économie au XVIIIᵉ siècle*, p.198.

estabelecem convenções para sua recíproca vantagem, eles aumentam, assim, o gozo de seu direito natural, e podem mesmo garantir que ele seja pleno, desde que a sociedade seja constituída conforme à ordem evidentemente mais vantajosa para os homens, ou seja, em relação às leis fundamentais do direito natural.[13]

Em oposição a Locke, o estado de natureza é aquele em que os homens vivem sem a intermediação de leis, sem a posse das coisas, sem acesso garantido a bens ou ao seu uso. Situação restritiva, pois, enquanto não houver um direito positivo que regule a propriedade, não terá lugar o gozo das posses. Quesnay acrescenta, no entanto, que já no estado de natureza se observa algum emprego da arte, como efeito da conjugação de poderes naturais do corpo e do espírito. O trabalho precede o estabelecimento da sociedade, e seus frutos são colhidos antes mesmo do advento das leis. Quando entram em sociedade, os homens adquirem garantias mais certas de sua segurança pessoal e da posse de bens, derivada de sua atividade produtiva (a lavoura da terra). Então, a arte revela-se ainda mais importante, oferecendo os meios que permitem lidar, em diferentes situações, com variáveis inesperadas, de modo a obter, de maneira excelente, não apenas as necessidades essenciais, como também o bem-estar das faculdades intelectuais e sensíveis. Uma dessas soluções é, notadamente, o emprego do trabalho animal, atividade que os fisiocratas pensam por analogia com o trabalho humano, ambos complementados com o recurso a instrumentos e máquinas. A permuta entre esses elementos na produção é o resultado de uma reflexão que discerne um elo

---

13 François Quesnay, "Le Droit naturel", em *Œuvres économiques complètes et autres textes*, v.I, p.115.

comum a coisas em si mesmas tão distintas que quase chegam a ser heterogêneas. Resta saber qual o estatuto dessa analogia.

***

A ideia de que corpo e máquina se associam no trabalho não chega a ser original. No livro III do *Emílio*, Rousseau observa que a operação das máquinas não é, propriamente dizendo, uma ocupação manual, mas apenas uma dessas "estúpidas profissões, cujos operários, desprovidos de qualificação" (*industrie*), se tornam "quase autômatos, e não conseguem mais se dedicar a outros trabalhos... qual a vantagem de empregar, nesses ofícios, homens dotados de bom senso? É uma máquina que opera a outra".[14] Um pouco antes, no livro II, ele aludira à identidade entre máquina animal e máquina artificial. Uma criança cujas "fibras são muito frouxas" e "dotadas de menos tração" (*ressort*) tem, em compensação, uma "flexibilidade maior", e, "guardadas as proporções, pode-se fazer com ela tudo o que se faria com uma máquina similar".[15]

Essas linhas de Rousseau, que antecipam as críticas de Ferguson e Smith à deformação do corpo e da imaginação pela divisão do trabalho nas oficinas de manufatura – pois aludem, de maneira figurada, à destruição da fisiologia humana pelo trabalho, ou, se quisermos, à mecanização brutal dos organismos –, remetem à ideia de Aristóteles, exprimida na *Política*,

---

14 Jean-Jacques Rousseau, "Émile ou de l'éducation", Lv.III, em *Œuvres complètes*, v.4, p.341.

15 Ibid., Lv.II, p.238-9. A concepção do corpo como máquina formada por fibras flexíveis se encontra em Montesquieu, *Do espírito das leis*, Lv.XIV. Ver Denis de Casabianca, "Une Anthropologie des différences dans *L'Esprit des lois*", *Archives de Philosophie*, v.75, n.3, p.405-23, 2012.

segundo a qual as "atividades técnicas" podem ser realizadas por "instrumentos (*organon*) animados ou inanimados". Ao que ele acrescenta que, embora o escravo seja, "de algum modo", um bem animado, todo aquele que opera instrumentos é ele mesmo reduzido à essa condição, de instrumento.[16] Como mostra Anne Merker, Aristóteles leva tão a sério a equiparação entre o orgânico e o maquinal que chega a forjar a hipótese de que o uso de autômatos fabricados para essa finalidade permitiria a substituição da mão de obra animal e humana na exploração de minas, na lavoura da terra e em outras tarefas manuais indignas de homens livres.[17] Ainda segundo Merker, essa cogitação depende de duas equivalências problemáticas: entre o escravo e a máquina, corrente na literatura do mundo antigo, e entre o animal e o autômato, feita pelo próprio Aristóteles em seus escritos sobre o movimento dos animais, com o autômato, imitação do ser vivo, fornecendo um esquema da representação da locomoção animal.[18]

Na teoria de Quesnay, a analogia positiva entre o organismo e a máquina é limitada pela admissão do dualismo metafísico. Essa doutrina, tão importante para a fisiologia do século XVIII, está presente no *Ensaio físico de economia animal*,[19] do próprio Quesnay. Alinhando-se à fisiologia cartesiana, Quesnay acrescenta a ela uma distinção, vinda do mesmo Aristóteles, entre as funções intelectuais da alma e as funções vegetativa e

---

16 Aristote, *La Politique*.
17 Anne Merker, "L'Esclave organon d'Aristote: entre machine-outil et homme augmenté", em Franck Fischbach et al., *Histoire philosophique du travail*, p.126-55.
18 Ibid., p.126-7 e p.150-2.
19 François Quesnay, *Essai Physique sur l'économie animale* (1747), p.173.

sensitiva, próprias do corpo.[20] Essa clivagem impediria, a princípio, não somente as assimilações entre o homem e a máquina, que não sente nem pensa, como também entre o homem e o animal, que não pensa, pois não tem alma racional. Provavelmente por isso, Quesnay afirma tão categoricamente, como nas passagens comentadas por Larrère, que a lavoura é coisa de animais, não de humanos. Mas estes últimos, como lembra Rousseau, operam máquinas, tarefa "estúpida" do ponto de vista individual, mas nem por isso menos racional daquele da divisão do trabalho. Já a lavoura da terra, à diferença da manufatura, não exige nenhuma qualificação; o boi que puxa o arado não representa sua ação nem a liga a um eventual sentimento de dor; quanto ao instrumento, é matéria bruta. Esse raciocínio, que se encontra implícito nas considerações de Quesnay, acomoda algumas exceções. Basta, por exemplo, que o colono europeu em terras americanas considere que o negro africano se encontra, por uma razão ou outra, descolado de sua constituição natural (tão humana quanto a do homem branco), num estado de estupidez que nem mesmo o próprio Rousseau poderia ter concebido, para que seja tratado como animal e, com sua força bruta, ponha em ação o engenho de açúcar e outras máquinas do gênero.[21] Pensando bem, não é preciso ir tão longe: é suficiente pender para o lado errado, nas cogitações de um Buffon ou de um Quesnay, para concluir que o escravo não é gente. Mas, com isso, supomos um colono

---

20 Id., "Essai physique sur l'économie animale" (extr. t.3), em *Œuvres économiques complètes et autres textes*. Org. *Christine Théré, Loïc Charles e Jean-Claude Perrot*, p.5-60. Ver Aristóteles, *De anima*.

21 Mesmo Hume, que considera "chocante" a "comparação entre o escravo e o gado", concede, entretanto, que ela faz sentido no quadro de uma teoria econômica. Ver David Hume, "On the Populousness of Ancient Nations", em *Essays, Moral, Political and Literary*.

inverossímil, que chega a seus preconceitos mais vis a partir da reflexão. Mais próxima da experiência histórica é a figura do indivíduo ganancioso que, sem a restrição das leis, ou, pior ainda, respaldado por elas, trata o escravo à maneira de um animal-máquina e o emprega sem escrúpulos para satisfazer sua própria ganância.

***

No "Discurso sobre a natureza dos animais", Buffon se refere ao organismo como "máquina animal", sistema de relações internas que se abrem para o exterior, relacionando-se com outros sistemas similares e elementos não organizados.[22] Antes de vermos aí uma redução pura e simples do organismo à máquina, de resto, rejeitada por Buffon, cabe lembrar que toda fabricação técnica, de máquinas inclusive, é produto de uma atividade orgânica e, enquanto tal, é condicionada não apenas pelos materiais utilizados, mas pela economia animal da espécie que fabrica (a antiga "forma" de Aristóteles).[23] Ora, o homem não é o único animal técnico, como o próprio Buffon gosta de lembrar, mencionando, entre outros, o castor; mas é o único que se define por sua técnica e não apenas pelo seu instinto (a fabricação é uma arte que prolonga uma disposição instintiva). O *homo faber* produz coisas à imagem e semelhança de seu corpo, adaptando-as, como diz Aristóteles, às suas mãos — que, por seu turno, se adaptarão a aquelas com o uso (isso se aplica às máquinas e aos instrumentos). Esses processos, que se dão

---

22 Buffon, "Discurso sobre a natureza dos animais", em *História Natural*, p.436.
23 Ver Georges Canguilhem, "Máquina e organismo", em *O conhecimento da vida*.

segundo as capacidades inscritas em sua fisiologia, favorecem-na e o tornam apto ao seu usufruto. Mas se ele molda assim tudo o que encontra à sua volta, incluindo outros homens e animais, é porque encontra em tudo uma adaptabilidade às suas exigências. A sela é calculada para o cavalo, o arado, para o boi, o moinho de engenho, para o escravo, a máquina de tear, para o trabalhador livre, e assim por diante. Nessa concepção, o ordenamento hierárquico entre as partes envolvidas no processo de produção é contingente em relação à possibilidade de combinação e permuta entre eles. Existem limites, mas é possível pensar não apenas que o animal faça o que o homem faz, ou que a máquina substitua a ambos, como, ainda, que o escravo substitua o trabalhador livre ou que algum dentre eles, emancipado, substitua o senhor das terras ou o superintendente da oficina. Tudo isso depende, é claro, do quadro jurídico em que as relações de trabalho acontecem.

As diferenças entre a economia animal de uma espécie e outra, incluindo-se aí a posse de uma racionalidade técnica mais apurada, e entre a economia animal *tout court* e a máquina, são como que mitigadas pelo fato de todas essas partes ativas do sistema de produção serem tratadas, na economia política, para além da história natural, como sistemas organizados, aptos a operar a partir da posição de um fim – a riqueza, o prazer, a morte ou outro qualquer. Em suma, em alguma medida, a produção transforma o corpo e seus desdobramentos em objetos técnicos voltados para objetivos determinados que vão além daqueles inscritos em sua economia animal ou "vital". Entendemos agora a afirmação de Larrère, à primeira vista contraditória, de que, para os fisiocratas, o trabalho não é uma marca de distinção antropológica. Trata-se, com efeito, de uma atividade que pode ou não ser efetuada pelo homem, em combinação com sistemas adaptáveis à organização fisiológica e anatômica da espécie.

No entanto, para Quesnay, permanece o fato de que o homem é o único ser da natureza que, ao trabalhar, tem em vista um objetivo que vai além da satisfação imediata de uma necessidade que a natureza inscreveu em sua estrutura. Até onde Quesnay poderia ver, fiando-se, por exemplo, pelas páginas de um Buffon, de um Lineu ou de um Bonnet, a engenharia do castor, malgrado sua complexidade, é uma arte que vem diretamente do instinto e não passa por nenhuma reflexão. Sua realização obedece a um protocolo invariável. O castor não orna sua habitação, não entende que poderia fazê-la de outro jeito, não se deleita em variá-la, não aprimora o seu modo de proceder. Mais importante, não a projeta, não delega a outros a sua construção, e não inventa instrumentos que possam facilitá-la ou torná-la mais expedita. Se vemos nessa arte algo como uma "engenharia", é mais por uma licença poética do que por uma analogia rigorosa. O fazendeiro de Quesnay é um animal igualmente curioso, mas não poderia ser mais diferente. Obedece a um mandamento da natureza: sentir prazer, ou gozar, isto é, usufruir de sua própria fisiologia sem ter que colocá-la à prova em um processo que, por definição, tende a extenuá-la. Para cumprir esse objetivo, o instinto se descola da arte, levando o animal a organizar à sua volta um sistema de produção que, embora remeta a uma ordem natural, é de sua própria concepção. Com isso, o homem econômico de Quesnay responde, finalmente, à destinação suprema que lhe foi imprimida por seu Criador.

***

Na passagem citada por Larrère, Quesnay afirma "que seria desejável não somente a maior diminuição possível de esforço (*dépense*), como a maior diminuição possível do trabalho penoso, juntamente com o maior gozo possível". Assim, de um só golpe, é determinado o lugar do trabalhador e, com ele, o do animal, na criação. Quesnay não pensa metaforicamente. O Criador é, de fato, a realidade última da ordem produtiva que se consubstancia no Estado monárquico, ou "despótico".[24] Nas origens da economia política – como depois nas de sua crítica – se encontra uma ontologia.[25] O animal domesticado foi criado pela Natureza em obediência a um decreto divino, inscrevendo-se num plano em que o homem tem lugar proeminente. A equivalência entre o animal e a máquina, e, mesmo eventualmente, entre esses dois termos e o homem, livre ou escravo, é o simples prolongamento de um princípio metafísico de necessidade, e, na medida em que se mostra eficiente, é a legitimação concreta desse princípio que se impõe de fora ao mundo natural. Incumbe à arte humana, elevada pelos fisiocratas, na administração do Estado, à qualidade de ciência (a "ciência econômica"), realizar as intenções últimas inscritas na disposição das coisas, reservando à espécie humana o lugar que lhe cabe nessa ordem, o que exige, fundamentalmente, que os homens sejam organizados em uma hierarquia política imutável. Como observa Monzani,

> A legislação positiva nada mais é que o ato de reconhecer e assumir – declarar, dizem os fisiocratas – a legislação que emana da natureza mesma. Lei positiva e lei natural são idênticas, ou devem ser idênticas; e, caso os legisladores constituam leis (no sentido

---

24 Ver Leonardo Müller, "Apresentação", em Müller (org.), *Fisiocracia: textos selecionados*.

25 Para a discussão em torno desse ponto, ver Rolf Kuntz, *Capitalismo e natureza: ensaio sobre os fundamentos da economia política*; e Luiz Roberto Monzani, "Raízes filosóficas da noção de ordem dos fisiocratas", *Discurso*, v.1, n.44, p.9-54, 2014.

amplo do termo) que se desviem das leis emanadas da natureza, eles só podem estar conduzindo a sociedade à sua própria dissolução.[26]

As divisões da sociedade, a partir do lugar dos indivíduos no processo de produção de riquezas, são como que gravadas em seus corpos, cuja fisiologia é moldada pela função que eles desempenham nesse processo. O prazer e o gozo sensíveis são prerrogativas, não direitos, e, como tais, Quesnay entende que eles não se estendem a todos. Reivindicar essa extensão é uma tarefa política, que o século XVIII concebe a partir de um ponto de vista determinado: o letramento.

***

Na economia política escocesa, as equivalências estabelecidas pelos fisiocratas são pensadas em termos de uma morfologia do trabalho. As célebres páginas de Smith e Ferguson a respeito dos efeitos deletérios da divisão do trabalho[27] sobre a mão de obra nele empregada prolongam em sentido inesperado as considerações dos fisiocratas. A divisão do trabalho é uma adaptação do modelo da máquina à fabricação artesanal. Se antes o artesão ainda se confundia com o demiurgo grego, introduzindo, em alguma medida, a forma na matéria, a divisão da produção em diferentes etapas, isoladas uma da outra na execução do trabalho, mas interligadas como partes de um mesmo sistema, suprime o demiurgo: é um processo unificado por um superintendente que, ele mesmo, não participa da fabricação.[28]

---

26 Monzani, "Raízes filosóficas da noção de ordem dos fisiocratas", p.30-1.
27 Ver Jean-Pierre Séris, *Qu'est-Ce Que La Division du travail?*
28 Seria preciso avaliar as considerações de José Arthur Giannotti à luz dessa reflexão dos escoceses, em *Trabalho e reflexão*, p.80-4.

Essa alteração profunda, benéfica à produção da riqueza, é compreendida pelos escoceses como um desenvolvimento a partir do emprego das máquinas (o modelo do século XVIII é a máquina de tear). A mecanização, de início parcial, torna-se completa. O resultado é inevitável: o corpo do trabalhador é como que absorvido pelo processo do qual ele se torna parte. Institui-se, com isso, uma espécie de pesadelo metafísico: privado da imaginação, que os cartesianos confundiam com a alma, o corpo é reduzido a máquina, autômato governado de fora pelo trabalho.[29] O trabalhador não pensa: essa função cabe à sua alma, que é o proprietário de terras. A limitação das faculdades mentais é acompanhada pela remodelação da fisiologia. A imaginação, como faculdade dupla, intelectual e física, se encontra no fulcro dessa remodelagem. O trabalhador se torna estúpido, inapto a outras tarefas, e, no limite, à vida social.[30]

Os escoceses se referem assim a um processo que envolve mão de obra livre. Mas, como nota desta vez Millar,[31] esse novo trabalhador não é tão diferente do escravo. O animal desaparece de cena; mas o assalariado é brutalizado, reduzido a máquina, substância extensa cartesiana que sofre a ação de um princípio extrínseco, reduzida à mais pura passividade. Isso acontece, principalmente, com jovens em idade escolar, que deixam de receber educação para trabalhar e sustentar suas famílias. A solução para o problema, segundo Smith, é devolvê-los à escola, destinando uma parte de seu dia ao letramento, ao estudo da matemática e à prática de exercícios. Millar vai além e entende que esse ensino deve ser financiado pelo Estado,

---

29 Ver François Guéry; Didier Deleule, *The Productive Body*, p.101-9.
30 Ver o estudo clássico de Donald Winch, *Adam Smith's Politics: An Essay in Historiographic Revision*, cap.5.
31 John Millar, *A Historical View of the English Government*, v.4, cap.4.

que deve zelar, ainda, para que os trabalhadores tenham tempo livre, durante o qual não precisarão trabalhar, estudar, alimentar-se ou dormir. Essas medidas se estenderiam, indiferentemente, às mulheres e aos homens, aos jovens e aos adultos. No âmago da economia política, encontra-se a questão da determinação política da fisiologia dos corpos, cujo destino oscila entre o prazer e o desprazer, o gozo e o padecimento.

***

Acrescentemos uma hipótese, que deixaremos em aberto, para ser desenvolvida em outra ocasião. A constituição, na filosofia de fins do século XVIII, principalmente na Alemanha, de um vocabulário organicista, por contraposição à gramática do mecanicismo, não estaria de alguma maneira ligada ao anseio de emancipação, não tanto do modelo teórico da máquina quanto de sua figuração concreta na divisão do trabalho? Nesse caso, a emergência de um vitalismo, na virada do século, não apenas na Alemanha, se explicaria pela absorção, deliberada ou não, desse anseio político, nos domínios da reflexão transcendental – e não, como se quis, pelas supostas insuficiências teóricas da fisiologia positiva para pensar a "vida". Na economia política, assim como no materialismo fisiológico, a vida é um estado, uma situação, um bem do qual é possível gozar (*jouir*) em determinadas condições. Não é um princípio positivo, não é um bem dado: daí a sua fragilidade e a necessidade de garantir as condições de sua possibilidade. Entre máquina e organismo, o "corpo" é figurado no trabalho pela possibilidade de uma perda real, de uma dissolução, inscrita na reiteração diária de práticas que contrariam os princípios da economia animal. A insistência na antinomia entre o mecânico e o orgânico trairia o anseio de evitar essa tensão entre economia animal e economia política, como se fosse possível contorná-la a partir do apelo à vida como essência da organização.

A assimilação do trabalho animal ao mecânico, a permuta, no campo e na cidade, entre o homem livre, o escravo, o animal doméstico e o maquinário, o advento da divisão do trabalho, fenômeno que define, na economia política, o mundo moderno, tudo isso põe em xeque, justamente, as condições nas quais a vida pode prosperar. O trabalho, antagonista fisiológico do prazer, gera um conforto, na forma de bens e do privilégio no acesso a ele, que não se compara àqueles que a posse segura do próprio corpo e o uso de suas faculdades poderiam dar. Cabe lembrar que a expressão "faculdades", tão cara a alguns filósofos, tem para outros um uso eminentemente fisiológico.[32] Ao dissociar, por meio de um artifício, o espírito do corpo, o regime de trabalho põe em evidência a ubiquidade natural entre eles. A análise desse fenômeno, ainda no século XVIII, implica a crítica da desnaturação que ele representa.

---

32 Ver na *Enciclopédia* os verbetes dedicados ao termo "faculdade", incluídos na edição brasileira. Diderot; D'Alembert, *Enciclopédia, ou Dicionário razoado das ciências, das artes e dos ofícios*, v.6: Metafísica.

4.
A ordem espontânea

É um fato conhecido que os "economistas" – nome que os fisiocratas davam à sua própria "escola" – não desfrutavam de grande prestígio nos círculos intelectuais mais refinados do século XVIII. Escrevendo em 1769 ao abade Morellet, que a essa altura trabalhava em um *Dicionário do comércio,* Hume declara em tom jocoso: "são, na verdade, a seita mais quimérica e mais arrogante que jamais surgiu, desde a derrota da Sorbonne".[1] A referência à então infame Faculdade de Teologia de Paris sugere uma afinidade entre o dogmatismo da nova ciência – dedutiva, de caráter *a priori* – e o da ciência da religião, pela qual Hume nunca teve nenhuma consideração. Na mesma carta, Hume se indaga como seu amigo Turgot, que, como ele observa, fora "sorbonnista" na juventude, mas depois se emendou, poderia ter se associado a estes promotores de novas quimeras. Essa vituperação tem um quê de desforra. A essa altura, Hume certamente estaria a par do desgosto dos fisiocratas pela sua própria obra "econômica".

---

1 Hume a Morellet, 10 jul. 1769, citado por E. C. Mossner, *The Life of David Hume,* p.486.

Publicados na Inglaterra em 1748 e traduzidos na França quatro anos depois para grande aclamação do público leitor, os *Discursos políticos* não foram bem recebidos por Quesnay, o "chefe da seita". "Eles convêm perfeitamente à Inglaterra, mas as ideias do autor não podem ser aplicadas à França", e seria um erro "considerar as instituições inglesas como instituições gerais".[2] Essas palavras secas traem o desconhecimento ou a má vontade de Quesnay para com os ensaios de Hume, nos quais a França é utilizada como um modelo entre outros na análise política. Para Hume, ao contrário de Quesnay, a economia, como ramo da ciência política, é histórica e indutiva, suas máximas gerais derivam da análise da experiência.

Nesse mesmo ano de 1769, Diderot se exprime em carta a Grimm nos seguintes termos: "Que beleza não é a 'ciência econômica'; será a nossa ruína [...]. Pois, se olhardes bem, vereis que a torrente que nos ameaça é desprovida de gênio".[3] Ciência *a priori* e dedutiva, que constrange a experiência aos seus pressupostos, a economia é um dogmatismo, e, enquanto tal, embrutece o espírito. Daí a necessidade de se precaver contra o seu império (que já então começava a se insinuar). Diderot ecoava assim a opinião de seu amigo, o abade Galiani, pouco simpático aos fisiocratas. "Li muitos livros sobre o aumento da quantidade de moeda, pareceram-me bastante metafísicos"; é que, no fundo, toda especulação econômica *a priori* se reduz a uma "economistificação (*économystification*)".[4] O diagnóstico

---

2 Citado por Joan Hecht, "La Vie de Quesnay", em François Quesnay, *Œuvres économiques complètes et autres textes*, v.2, p.1375.
3 Citado por Ferdinand Brunot, *Histoire de la langue française*, t.VI: Le XVIIIᵉ Siècle, parte 1, p.32.
4 Citado por ibid., p.58.

pode soar como uma profecia, e convém lembrar que Galiani não era um "heterodoxo" em matéria de economia.

Toda essa implicância tem uma razão de ser. Os filósofos que estamos citando farejaram, na fisiocracia, uma herdeira legítima da velha metafísica clássica. Quesnay era leitor assíduo de Descartes e Malebranche; e Turgot mantinha à mão o seu Leibniz. A filiação da economia à metafísica foi examinada na literatura crítica, que encontrou vestígios de ocasionalismo (Kuntz), cartesianismo (Monzani) ou providencialismo (Deleule).[5] Em todo caso, uma teoria indigesta, na qual a existência de um Deus é mobilizada para justificar não apenas a ordem do mundo, mas também a ordem política – representada em hierarquia rígida, descendente a partir de um soberano responsável pela saúde da "economia política" do reino (e que representa os interesses de Deus neste mundo). Como poderiam céticos e materialistas aceitar algo assim?

***

Mas a metafísica dos fisiocratas não é um passo atrás em relação ao século. Encontra-se em sintonia com ele. Buscaremos em vão, nos escritos de Quesnay, por uma dedução da ordem econômica a partir da existência de Deus. Ele oferece algo muito diferente: a dedução da necessidade de um Deus a partir da constatação de que a "verdadeira" ordem econômica a ser implantada por um soberano sábio é regida por leis naturais férreas e imutáveis. A admiração de Quesnay pelo

---

[5] Ver Rolf Kuntz, *Capitalismo e natureza: ensaio sobre os fundadores da economia política*; Luiz Roberto Monzani, "Raízes filosóficas da noção de ordem dos fisiocratas", *Discurso*, v.1, n.44, p.9-54, 2014; e Didier Deleule, *Hume et la naissance du libéralisme économique*.

"despotismo da China", suas queixas em relação à fraqueza da monarquia francesa são opiniões em consonância com a ideia de que o corpo político e a ordem econômica que o integra, se deixados a si mesmos, tornam-se autômatos de operação imprevisível e tendem à dissolução. Em uma palavra, sua unidade depende, como a do corpo humano, de uma alma extrínseca a ele. Em vez de um princípio ontológico, encontramos na base da teoria fisiocrática uma analogia dualista. Quem explica é Deleule.

> A realização do desígnio da Natureza implica que a ordem social seja adequada ao que deve ser por essência, isto é, uma harmonização voluntariamente instituída pelo Autor da Natureza e que cabe ao soberano, imagem da divindade, fazer respeitar, ao mostrar que nenhuma harmonia natural entre os interesses das classes sociais é possível se se incluem as classes "estéreis" (industriais ou subordinadas) no concerto produtivo. A finalidade introduzida de fora na máquina econômica, ao pôr o acento sobre a generosidade da Natureza, leva a mutilar dois dos membros do corpo, mesmo se sua prestação social não é posta em questão, já que os serviços prestados à coletividade pelos comerciantes e industriais são sublinhados no mesmo momento em que lhes é negada toda capacidade produtiva. [...] O plano é transferido dos atores ao construtor ou ao gerente; nos dois casos, quer se fale em ordem natural ou se instale o artifício deliberado, a solidariedade só pode ser mecanicamente comandada ou restaurada por um agente externo, mas implicado a título de interesse (poder ou propriedade) no funcionamento do conjunto, não sem que, no corpo social, certas forças produtivas se encontrem valorizadas em detrimento de outras.[6]

---

6 Didier Deleule, "Hume, os fisiocratas e o nascimento do liberalismo econômico", *Discurso*, v.47, n.2, p.41-58, 2017. O artigo retoma as teses centrais do livro de 1979 já referido.

A ordem espontânea

A projeção do dualismo metafísico na ideia de corpo político requer a adoção de uma analogia complementar entre a mecânica das relações econômicas e a do corpo-máquina. Como explica desta vez Francine Markovits, a teoria de Quesnay "combina um modelo mecânico de equilíbrio a leis fisiológicas de reprodução", um princípio estático de circulação da riqueza e um dinâmico, de sua multiplicação.[7] A coordenação entre essas instâncias complementares, sugerida no célebre "Quadro econômico", depende da supervisão de um soberano, que, auxiliado por um corpo de técnicos qualificados, identifica tendências, julga quais as medidas necessárias e as impõe aos súditos – garantindo assim a consonância entre ordem política e ordem natural.

***

Esse modo de se referir ao corpo fisiológico como metáfora do corpo político se encontra por toda parte no século. Trata-se de aproximar duas ideias gerais de modo a torná-las mais claras ou nítidas.

> Tomado individualmente, o corpo político pode ser considerado como um corpo vivo organizado similar ao do homem. O poder soberano representa a cabeça; as leis e os costumes são o cérebro, que é a raiz dos nervos e a sede do entendimento, da vontade e dos sentidos; os órgãos do cérebro são os juízes e os magistrados; o comércio, a indústria e a agricultura são a boca e o estômago, que preparam a substância comum; as finanças públicas são o sangue, que uma economia sábia, realizando as funções do coração, envia para todo o corpo, distribuindo a nutrição e a vida; os cidadãos são o corpo e

---

[7] Francine Markovits, *L'Ordre des échanges: philosophie de l'économie et économie du discours au XVIIIᵉ siècle en France*, p.171-3.

os membros que dão vida e movimento à máquina, colocando-a em operação; e seria impossível ferir alguma de suas partes sem que de imediato a impressão dolorosa chegasse ao cérebro, supondo que o animal seja saudável. A vida de um e do outro é o *eu* comum ao todo, a sensibilidade recíproca e a correspondência interna entre todas as partes. Quando essa comunicação cessa, a unidade formal se esvanece, as partes contíguas não mais se referem umas às outras, exceto por justaposição. O homem está morto, o Estado se dissolveu. O corpo político é, portanto, também um ser moral, dotado de vontade; e essa vontade geral, que tende constantemente à conservação e ao bem-estar do todo e de cada parte, fonte das leis, é, para todos os membros do Estado, em suas relações para com ele, a regra do justo e do injusto.[8]

A comparação entre o corpo político e o corpo humano aparece também, com o apelo a uma variação química, no livro II do *Contrato social* (1762).[9] Embora caibam certas ressalvas – o sangue e as finanças não são objetos de mesma natureza e não se pode dizer que circulam exatamente no mesmo sentido, tal como, de resto, também é o caso da seiva e do sangue –, a analogia vai longe, e alcança o ponto de assimilação entre o caráter moral da espécie humana, que tem vontade e é, portanto, livre, e a ideia de um caráter moral do corpo político como república. Ciente de que a aproximação é restrita, Rousseau pode puxar o fio da analogia até o ponto máximo de sua distensão. O que sustenta esse ponto extremo, quase abstrato – a ideia de unidade moral, assimilada à de identidade pessoal –, é a referência a uma unidade concreta e palpável (no sentido de analisável), de natureza fisiológica: o corpo humano. À diferença, porém, dos

---

8 Ibid.
9 Sobre as metáforas políticas em Rousseau, ver Bruno Bernardi, *La Fabrique des concepts: recherches sur l'invention conceptuelle chez Rousseau*.

fisiocratas, Rousseau distingue entre a cabeça (o soberano) e o cérebro (as leis e os costumes). A primeira como que representa o último, no qual se enraízam, efetivamente, os nervos e do qual depende, em última instância, a vida do corpo. Pequena diferença, entretanto suficiente para que haja um deslocamento do modelo metafísico dualista para um modelo fisiológico imanente (a regulação das relações políticas é garantida por uma instância intrínseca ao corpo).

***

A consciência da importância dessas aproximações para a edificação de uma teoria autônoma do comércio (ou, se quisermos, de uma "análise da riqueza") nunca é tão aguda quanto nas páginas de Adam Smith. Como observa Deleule, Smith "repreende Quesnay por ter ignorado a espontaneidade do corpo vivo", pois isso o teria levado a "querer exercer, em nome da ordem natural, um constrangimento dietético sobre o corpo social". E cita parcialmente a seguinte passagem da *Riqueza das nações*:

> Alguns médicos de pendor especulativo parecem ter imaginado que a saúde do corpo humano só poderia ser preservada por um regime preciso e determinado de dieta e exercício, em relação ao qual toda violação, por menor que seja, provocaria, inevitavelmente, alguma doença ou desordem, em proporção ao grau da violação. A experiência, no entanto, parece mostrar que o corpo humano com frequência preserva, ao menos ao que tudo indica, o mais perfeito estado de saúde em meio a uma ampla variedade de diferentes regimes, mesmo sob alguns que não parecem ser nada saudáveis (*wholesome*). É que o corpo humano parece conter, em seu estado saudável, um princípio desconhecido de preservação, capaz ou de prevenir ou de corrigir, sob muitos aspectos, os efeitos nocivos do

mais defectivo dos regimes. O sr. Quesnay, ele mesmo um médico, e de pendor altamente especulativo, parece ter sustentado uma noção desse gênero a respeito do corpo político, imaginando que floresceria e prosperaria apenas sob certo regime determinado, o da mais exata e perfeita liberdade e justiça. Parece não ter considerado que, no corpo político, o contínuo esforço (*effort*) de cada indivíduo para melhorar sua própria condição é um princípio de preservação capaz de prevenir e corrigir, sob muitos aspectos, os efeitos nocivos de uma economia política em algum grau parcial e opressiva. Uma economia política como essa, embora sem dúvida retarde, em maior ou menor medida, o progresso natural de uma nação rumo à riqueza e à prosperidade, nem sempre é capaz de detê-lo por completo, e menos ainda de fazê-lo retroceder. Se, para prosperar, uma nação tivesse de gozar da mais perfeita liberdade e justiça, jamais teria havido no mundo sequer uma que fosse capaz de fazê-lo. Felizmente, no entanto, a sabedoria da natureza providenciou uma ampla provisão de remédios para os efeitos nocivos da tolice e da injustiça do homem, da mesma maneira como fez no corpo natural para remediar os da preguiça e da intemperança.[10]

Relendo esse texto célebre, poderíamos pensar que o soberano, quem quer que seja, e não importa a forma do governo, não ocupa nem o lugar do superintendente, nem o da parte em relação ao todo, mas o de uma figura simpática ao corpo de que ele cuida, porque sente as aflições dele como se fossem suas. É um organismo, tal como o corpo político, que, submetido ao seu olhar clínico, poderá ser tratado por ele, como um médico cuida de seus pacientes. Mas este não é um médico qualquer. Smith tem em mente a medicina da *Enciclopédia* e da

---

10 Ver Adam Smith, *Riqueza das nações*, Lv.IV, cap.9; e o comentário de Didier Deleule, *Généalogie du modèle domestique en politique*, p.112ss.

Escola de Montpellier, dita "neo-hipocrática", que entende que a tarefa do médico é restituir o corpo doente ao estado natural de um equilíbrio natural, recorrendo aos seus próprios recursos para suprimir o desequilíbrio patológico (que tende à morte). O médico é um auxiliar do corpo, só interfere nele em casos extremos, como quando nos momentos em que a crise ameaça com uma resolução catastrófica do quadro do paciente.[11] Em vez de soberano, melhor falar em legislador.

No mesmo livro IV da *Riqueza das nações*, Smith se refere aos "canais" pelos quais circulam as riquezas do comércio, esclarecendo o aporte fisiológico dessa terminologia. "O sangue cuja circulação é paralisada em algum dos vasos menores facilmente passa para os maiores, sem acarretar nenhum distúrbio perigoso; quando, porém, a circulação sanguínea é paralisada em algumas artérias maiores, as consequências imediatas e inevitáveis são convulsões, apoplexia e a morte."[12] O que leva Maria Pia Paganelli a observar que a saúde do corpo político depende de uma circulação constante dos bens que lhe fornecem nutrição (cabendo à moeda, como diz Hume, a função de lubrificar os vasos pelos quais o "óleo" do comércio flui).[13] A metáfora de sabor vitalista é empregada por Smith contra o purismo dos que pensam que só pode haver prosperidade onde houver instituições perfeitamente adequadas ao seu fomento e manutenção. Se, nas sociedades comerciais, as partes se combinam entre si, é em virtude da atuação de uma força regular que produz, em

---

11 Ver o verbete "Crise", de Bordeu, na *Encyclopédie*, v.4, p.471-89, traduzido parcialmente na *Enciclopédia*, v.7; e o comentário de Jackie Pigeaud, *La Crise*.
12 Smith, *Riqueza das nações*, Lv.IV, cap.9.
13 Maria Pia Paganelli, "Is a Beautiful System Dying? A Possible Smithian Take on the Financial Crisis and its Aftermath", *Adam Smith Review*, v.6, p.269-82, 2011.

circunstâncias estáveis, no quadro de uma regulação jurídica, efeitos constantes. Em última instância, não importam os termos dessas regulações, contanto que não sejam excessivamente injustas (ou contrárias às disposições da natureza humana: o feitio da imaginação, a índole das paixões).

***

As implicações metafísicas dessas analogias são claras. A natureza da escola fisiocrática está subordinada a um desígnio divino, ao qual o corpo político, alinhando-se a ela, também se submete; já a natureza do partido filosófico – do qual Smith faz parte – não é tanto uma instância do mundo quanto um processo, se quisermos é uma totalidade, tão bem ordenada, tão constante, tão frágil e tão efêmera quanto um corpo vivo. Isto é importante. Não se trata de comparar o corpo político a um corpo humano, mas ao seu gênero: o corpo animal. O médico hipocrático pode ser também um veterinário. Nas relações entre ele e o corpo submetido aos seus cuidados, a inteligência é um efeito, não um princípio: surge da convergência feliz entre signos que se dão ao olhar ou ao tato e um sistema de signos de sua imaginação que os tornam inteligíveis. O mundo natural subjacente ao sistema econômico – mercantilista ou outra –, não é pautado por uma inteligência, torna-se inteligível quando apreendido, a partir da análise e da analogia, por um observador atento aos sintomas de processos que não se dão às claras. O "liberalismo" dos filósofos pode ser considerado uma variação analógica da doutrina hipocrática, contra as concepções da medicina moderna e as dos economistas, que desdenham o poder e a força dos corpos naturais. Retomemos aqui palavras de Georges Canguilhem:

A analogia entre a arte do médico e a natureza medicatriz esclarece não a natureza pela arte, mas a arte pela natureza. A arte médica deve observar, ouvir a natureza. Nesse caso, observar e escutar, é obedecer. Galeno, que atribuiu a Hipócrates conceitos dos quais tudo o que podemos dizer é que são hipocráticos, retomou-os por conta própria e também ensinou que a natureza é a principal conservadora da saúde, pois é a principal formadora do organismo. Não esqueçamos, porém, que nenhum texto hipocrático chega a representar a natureza como infalível ou todo-poderosa. Se a arte médica nasceu, é transmitida e tem de ser aperfeiçoada, é na medida do poder da natureza, o que depende de uma avaliação das suas forças. A partir do resultado dessa mensuração, o médico entregará tudo à natureza, intervirá para apoiá-la e auxiliá-la, ou abdicará de toda intervenção, reconhecendo que há doenças mais fortes que a natureza. Mas, quando a natureza cede, cabe ao médico renunciar. "Exigir da arte o que não é da arte e da natureza o que não é da natureza é ser ignorante, ignorância que deve mais à tolice do que à falta de instrução."[14]

O médico hipocrático sabe que o corpo não foi projetado nem fabricado, não responde a um desígnio, não tem uma finalidade. Ordem espontânea, constitui-se por si mesmo, e segue, em todas as suas operações, as leis da física do movimento (que nem sempre têm uma configuração mecânica). Hume adverte: não é porque não consegue explicar a maioria das doenças que o médico põe em questão a maneira regular em que elas operam.[15] Mesmo no estado patológico, quando o corpo orgânico se encontra desnaturado, a necessidade, ou "natureza", faz valer

---

14 Georges Canguilhem, "A ideia de natureza no pensamento e na prática médica", em *Ensaios sobre medicina*.
15 David Hume, *An Inquiry Concerning Human Understanding*, cap.8.

os seus direitos. O mesmo se aplica, com os devidos ajustes, para o corpo político.

***

O humor pode ser uma alternativa à tolice imputada aos fisiocratas pelos filósofos. No primeiro livro do *Tristram Shandy*, de Laurence Sterne (1759), um dos escritores favoritos do partido filosófico, a analogia entre corpo político e corpo humano aparece como um caso flagrante da loucura produzida pelo princípio de associação de ideias, que leva a imaginação a encadear as coisas mais díspares num mesmo raciocínio coerente (embora descolado de todo lastro sensível).

Walter Shandy passa aí de uma metáfora – que é uma maneira cuidadosa de propor uma analogia, evitando a ilusão de que a comparação seria garantia de uma afinidade entre os termos comparados – a uma "alegoria perfeita" – o que sugere uma adequação exata entre os termos – para chegar a uma identidade ontológica entre os "corpos" em questão. Ocorre que essa consideração aparentemente inofensiva é parte de uma teoria geral sobre as relações entre a riqueza e a manutenção da liberdade civil – elaborada no contexto de uma discussão, ainda mais trivial, entre o sr. e a sra. Shandy, se o parto da criança que ela esperava deveria ser realizado por um médico profissional, como ele gostaria, ou por uma parteira tarimbada, como ela quer. O embate entre essas posições conflitantes opõe duas paixões, uma delas masculina, pela ordem organizada a partir de princípios racionais, a outra feminina, pela disposição pragmática dos conhecimentos. A parteira, que finalmente irá realizar a operação (com o médico montando guarda na sala de estar!), possui uma ciência adquirida a partir de uma experiência metódica e reiterada sobre a qual o saber apriorístico do médico pouco ou nada tem a dizer. Reconhecemos aqui, formulada em termos de gênero, a célebre distinção enciclopédica entre *esprit de système* e *esprit systématique*, que se desdobra, por sua vez, na diferença profunda entre a economia dos filósofos e a dos fisiocratas. Nesse sentido, a ciência do partido filosófico pode ser dita "feminina", guiada por um bom senso instintivo e inato, em oposição à lógica férrea e obsessiva que governa a metafísica "masculina".

Mas isso não é tudo. Existe uma diferença de escala entre o corpo humano e o corpo político que recomenda cautela no uso de analogias a partir de eventuais metáforas nas relações entre eles. A aproximação, ao mesmo tempo que elucida, pode ser arriscada. Não ocorreria a ninguém pensar que a extensão das relações econômicas tem algum termo de comparação com a das relações fisiológicas. Por outro lado, não são estas tão ou mais complicadas do que aquelas? Em certa medida, o economista conhece melhor o seu objeto do que o médico. A analogia de que eles se servem tem, assim, um quê de paródia, quase como se a imagem de um corpo produzida a partir do outro fosse uma caricatura. As consequências práticas são evidentes, pois, agora, o leitor ficará alerta diante de toda tentativa de tratar, ao modo dedutivo, questões médicas ou econômicas.[16] O "liberalismo econômico" do partido filosófico é marcado por certo distanciamento em relação ao que os fisiocratas e seus herdeiros dos séculos posteriores consideram uma ordem bem real e muito necessária. A ironia se resolve na alusão aos teólogos da Sorbonne – em Sterne, às voltas com questões de batismo, em Hume, uma imagem perfeita da nova seita dos economistas.

---

16 Ver Manuel Portela, "Tristram Shandy ou o livro dos livros", em ibid., p. 33-4.

Coube ao abade Galiani oferecer ao mundo um livro paradoxal: um tratado de economia em forma de diálogo, no qual a crítica da economia dedutiva é levada a cabo por meio de tiradas, paradoxos e outros recursos retóricos que, em vez de superficiais, cortam a fundo em matéria de doutrina filosófica. Escrevendo em 1770, Galiani repisa, no *Diálogo sobre o comércio dos cereais*, o lugar-comum da economia como medicina do corpo social, no mesmo sentido que lhe será dado por Smith seis anos mais tarde. Mas vai além. Um bom exemplo de como se aproveita de platitudes para chegar a constatações de monta está no sexto diálogo. "Como bem sabeis, o trigo é uma coisa boa, pois serve ao homem, e o dinheiro é bom, pois pode representar o pão, mas a única riqueza que existe é o homem."[17] Galiani refere-se à riqueza do estado, ao "homem" como "população humana", um dos temas centrais do diálogo. Mas alude, ao mesmo tempo, àquele que avalia o trigo como bom (um bem moral), e traduz essa avaliação em um signo que representa o produto que resulta do tratamento artístico do trigo pelas mãos humanas. Fórmula magistral, que nos permite inferir, por alusão, as razões de por que a economia política preferiu a fabulação das metáforas à dedução conceitual. É que, no Século das Luzes, uma ciência nada mais é que uma língua bem-feita. Escrever bem, e com humor, é uma maneira discreta e elegante de remeter os seus signos à sensação da leitora, lembrando-a de que esse discurso sobre os grãos ou sobre a nutrição e o prazer de se alimentar é também uma figuração literária disso que ela se habituou a chamar de seu próprio corpo. As analogias entre a política e a fisiologia levam a pensar que tudo isso são apenas modos de dizer que os animais humanos, guiados pelo desejo, inventam para seu próprio deleite e utilidade.

---

17 Ferdinando Galiani, *Dialogue sur le commerce des blés*, p.144.

A economia política como gênero literário: não está longe o dia em que as relações fisiológicas dos corpos vivos serão descritas pelos naturalistas com termos tomados de empréstimo aos economistas.

5.
O animal esquemático

> *Eu perguntava a mim mesmo o que diriam de nós os gaviões, se Buffon tivesse nascido gavião...*
>
> Machado de Assis, *Memórias póstumas de Brás Cubas*[1]

"Quando vemos uma pomba no ar, estamos longe de simplesmente ver. Desenhamos no espaço a sua trajetória, armamos um espaço tridimensional para servir de suporte a esse desenho, adivinhamos o movimento das asas, a resistência do ar, e quase estamos vendo, como se tivéssemos olhos de raio X, o esqueleto da pomba. Ou não seria essa estrutura profunda algo mais superficial que a própria pomba, que encobre a pomba: talvez aquele quadro anatômico que vimos numa aula de biologia, no ginásio, e que paira agora como um esquema diante de nós?"[2] Entre as profundezas e a superfície, o animal se põe para a imaginação. Menos que uma coisa, é um signo da própria sensação, que, ato contínuo, resolve-o num esquema.

---

1 Agradeço a Mariana Alkimin Rincon pelo texto da epígrafe.
2 Rubens Rodrigues Torres Filho, "A *virtus dormitiva* de Kant", em *Ensaios de filosofia ilustrada*, p.31.

A pomba também é a cifra, na *Crítica da razão pura*, de uma ilusão constitutiva da razão humana. Rubens traduz Kant:

> Encorajado por uma tal demonstração de potência da razão (encontrada na matemática), o impulso de ampliamento não vê limites. A leve pomba, quando em livre voo fende o ar, cuja resistência ela sente, poderia formar-se a representação de que no vácuo teria ainda melhor êxito. Assim abandonou Platão o mundo dos sentidos, porque este põe limites muito estreitos ao entendimento, e se aventurou para além deles, sobre as asas de ideias, no espaço vazio do entendimento puro.[3]

Esse "diagnóstico" de Kant pode parecer um pouco drástico, como se a limitação apontada equivalesse a uma injunção. Mas o animal (estrutura-esquema) mostra que algo mais está em jogo. Voltemos ao quadro anatômico. O que ele poderia mostrar? O próprio Kant oferece uma resposta possível a essa indagação, evocando na *Crítica do juízo* uma lição de anatomia, podemos imaginar, à maneira das ministradas no auditório de algum curso de Ornitologia.

> Quando mencionamos a anatomia de um pássaro, o oco de seus ossos, a posição das asas em vista do voo, a da cauda em vista da direção etc., dizemos, sem ter que recorrer a um gênero especial de causalidade – a causalidade segundo fins (*nexus finalis*) –, que tudo isso é altamente contingente, de acordo com o *nexus effectivus* da natureza. Isso quer dizer que a natureza, considerada como simples mecanismo, poderia ter formado as coisas de mil outras maneiras, sem ter encontrado precisamente a unidade de acordo com tal princípio, e por isso não seria de esperar que se encontrasse a menor razão

---

[3] Ibid., p.51.

a priori para este no conceito de natureza, mas somente fora dele. Apesar disso, o julgamento teleológico é, com razão, empregado ao menos problematicamente na investigação da natureza, apenas para submetê-la a princípios da observação e da investigação por analogia com a causalidade segundo fins, sem a pretensão de explicá-la desse modo (*Crítica do juízo*, §62, B 269).[4]

"Sem a pretensão de explicá-la desse modo." Uma lição de anatomia não é uma aula de metafísica, não nos instrui a respeito da diferença entre causa eficiente e causa final, tampouco sobre as condições em que esta última pode ser conciliada (se é que pode) com a primeira. Por outro lado, ensina a ler os tratados de Aristóteles ditos "biológicos" como manuais de estudo da Zoologia, e não necessariamente como partes de um sistema filosófico. O que interessa neles, agora, é o gênio do observador, a exatidão com que ele descreve seus achados e os métodos como os organiza. A ideia de ajuste funcional entre as partes dos seres vivos, tão importante para Aristóteles, é, para Kant, uma analogia, que substitui o conhecimento do princípio último que supostamente governa esse ajuste. Na ausência disso, a causa final, tomada como máxima e empregada com proveito no estudo da natureza viva, finca a razão no terreno da contingência. Daí a sugestão de maravilhoso que todo estudo anatômico incute na imaginação — "a natureza", não importa o que se entenda por essa palavra, poderia ter feito os seres organizados de outros jeitos diferentes. Motivo adicional para admirarmos que os tenha feito precisamente como os encontramos. Por si mesmos interessantes, os animais provocam na razão humana um fascínio pela sua própria estrutura — a razão chega a figurar a si mesma como organismo,

---

4 Immanuel Kant, *Crítica da faculdade do juízo*, p.204.

impelida por uma necessidade interna.⁵ A razão orgânica kantiana tem o poder da figuração, produz esquemas que permitem apreender as coisas não enquanto tais, mas como signos da estrutura que as apreende. A pomba de Kant, animal funcional, ensina a essa razão que a figura como estrutura a ver-se a si mesma como esquema e a prestar atenção aos limites dentro dos quais o seu uso pode se dar. Apenas assim ela aprenderá a franqueá-los, lançando-se com proveito no "espaço vazio do suprassensível".⁶

***

Costuma-se opor a filosofia crítica de Kant às filosofias ditas "empiristas". Caberia pensar, ainda, não tanto a oposição entre o *a priori* e o sensível como a tensão entre o transcendental e a sensação. A gaivota que sobrevoa minha cabeça na praia em um dia frio, o desenho no quadro na aula de História Natural, o pássaro aludido no tratado de Ornitologia, a pomba que cinde as páginas de um livro de Filosofia ou cuja morte é encenada nas linhas de um poema,⁷ em cada uma dessas figurações, o que chamamos de "animal" é, na imaginação que o concebe, uma simples representação – que se antecipa à ideia geral e abstrata que um antropólogo, por exemplo, poderia propor com a palavra "animal" ou o adjetivo "animalidade". Seriam essas figurações superposições a um pássaro "real"? Mas onde encontrá-lo? Quem teria a posse do olhar ingênuo

---

5 Antonio Marques, *Organismo e sistema em Kant: ensaio sobre o sistema kantiano*.

6 Rubens Rodrigues Torres Filho, "Dogmatismo e antidogmatismo: Kant na sala de aula", em *Ensaios de filosofia ilustrada*.

7 Penso aqui no poema de Ted Hughes, "The Hawk in the Rain", em *A Ted Hughes Bestiary: Poems*.

capaz de capturá-lo puro e sem mistura de algum esquema de percepção? Suponhamos, por um momento, que a sensação de um pássaro se desse a esse observador fictício, totalmente ingênuo, desinteressado, desprovido de imaginação, imune às paixões: puro intelecto ou pura sensibilidade (dependendo do gosto de cada um). O que ele veria? Impossível dizer. É certo que esse "ver" seria, mais que um ato, uma relação: entre o ver e o visto. Signo. Marca da onipresença do transcendental, chancela das figurações, oblívio das abstrações. Mas toda percepção traz consigo uma marca da imaginação, que se imiscui à visão, à audição, ao olfato, ao tato, ao paladar, em suma, aos sentidos, que, combinando-se, embaralhando-se, apreendem essa sensação a que a língua portuguesa, em consonância com outras, dá o nome de "pássaro". Toda percepção, por sua vez, é marcada pela paixão, porque toda sensação é intensidade. Kant permanece, apesar de tudo, um newtoniano, e deve ser felicitado por isso. Tudo no ver e no sentir é movimento, tudo é força. Mesmo as operações da razão são experimentadas, na *Crítica do juízo*, como prazer e desprazer.[8]

***

A *História Natural* de Buffon comporta, entre outras coisas, uma retórica da descrição.[9] Tudo menos neutro, esse livro disputa com outros similares um campo da experiência que recebe o nome equívoco de "natureza". Exercício de valoração, a retórica buffoniana não esconde a pretensão de se impor a seus rivais mais diretos, como Aristóteles, Lineu ou Bonnet. Os

---

8 Ver Louis Guillermit, *L'Élucidation critique du jugement de goût selon Kant*.
9 Para a ideia de uma "retórica da descrição", ou "teoria da figuração", ver Erich Auerbach, *Figura*, p.16-7, 21.

que vêm depois, como Lamarck e Cuvier, não escondem a pretensão de desautorizá-lo.[10] Os artigos sobre os animais ilustram uma doutrina – da economia animal – que se encontra no centro da obra. Para os animais volta-se de preferência a atenção de Buffon, é neles que se põe e resolve-se a questão. Pois essa sua "economia" é também a nossa, é, inclusive, a do próprio historiador da natureza, é ela que lhe permite pronunciar-se a respeito do que quer que seja. O historiador é um ser vivo, organizado, movido por interesses ligados à sua "conformação orgânica". Tendo discorrido sobre a natureza dos animais em geral, Buffon falará, sobretudo, dos que estão mais próximos do humano e lhe são mais úteis. Esse viés restritivo tem o mérito de renunciar à pretensão de abarcar a Natureza enquanto tal (e logo, em caixa alta) – que, na opinião de Buffon, é uma realidade fugidia que em tudo excede as limitadas capacidades do entendimento humano. O antropocentrismo é um método, não uma ontologia: institui o "mundo natural" como escala de valores.

Uma coisa, porém, é aludir a pombas e pássaros em livros de Filosofia, como faz Kant, cujo leitor à caça de conceitos raramente dá atenção a essas trivialidades. Outra coisa é falar sobre esses e outros bichos num livro dedicado a eles. Quem poderia garantir que o leitor saberá do que se está falando? Mesmo no caso daqueles animais que Buffon pode supor familiares ao seu público – os nobres da corte, as damas que controlam os salões em Paris, os burgueses em ascensão por toda parte –, as dificuldades são evidentes. Pode-se discorrer à vontade sobre "o cão", por exemplo. Mas a verdade é que cada um tem na cabeça uma ideia particular desse animal, que nunca coincide com aquela na cabeça de outras pessoas. Na *Crítica da razão pura*,

---

10 Quanto a Darwin, por conta e risco, ele ignora Buffon.

Kant menciona um "cão em geral", forma aplicável a todos os cães empíricos. Não é exatamente uma solução para o problema do naturalista. Ou melhor: é uma solução que ele teria tudo para considerar insatisfatória e desnecessária.

Buffon trabalha com ideias gerais. No artigo dedicado ao "Cão",[11] começa discorrendo sobre o que une o homem aos indivíduos dessa espécie, o seu caráter geral, suas qualidades mais conspícuas, seu comportamento e os préstimos que ela oferece ao seu senhor humano. A essas considerações de estilo etológico, acrescenta umas poucas sobre a reprodução e arrisca por fim uma história hipotética da origem do animal doméstico em uma raça selvagem. Propõe o mastim como forma transitiva entre esses dois estados, o selvagem e o civilizado, ele que, herdeiro direto do cão selvagem, inaugura a série dos cães domésticos. Essa escolha conjectural, puramente hipotética, é reforçada pelo juízo sóbrio de Daubenton, que elege o mastim como representante a partir do qual será feita a descrição completa da anatomia da espécie. Nessa descrição, a forma é abordada a partir de uma visada precisa: o focinho do animal, que, segundo Daubenton, é a marca distintiva da sua estrutura, pois determina o seu comportamento e, logo, a operação inteira de sua economia animal. Essa opção anatômica alude a uma circunstância importante da exposição de Buffon: o cão se liga ao homem na medida em que o complementa com seu faro, sentido que estende o alcance da percepção humana ao garantir, por via do cão domesticado e treinado, o domínio humano sobre posses que lhe são contestadas por outros animais.

Buffon não discute os cães de forma mista ou "degenerada", que perderam as qualidades primitivas das raças originais, mas unicamente as linhagens que teriam preservado essas

---

11 Ver em especial Buffon, *História Natural*, p.613-45.

qualidades em meio à mistura de outros caracteres. Ciente de que não poderia descrevê-las em palavras de modo a marcar suficientemente as diferenças entre elas, oferece-as ilustradas, em desenhos de perfil. Eu não saberia dizer se esses retratos foram compostos a partir de indivíduos, ou se, como as virgens de Rafael, foram feitos a partir do exame e combinação de numerosos espécimes reais.[12] Seja como for, funcionam como parâmetros a partir dos quais o leitor pode julgar com alguma segurança, diante de um indivíduo que se ofereça à sua observação, qual a ideia geral a ele correspondente. A abstração tem valor normativo, é um complemento à sensação e permite organizá-la, dispondo-a em relação a outras e deslindando, assim, o emaranhado de fios do novelo da sensação. O uso da palavra "cão" numa língua qualquer, aplicada a indivíduos de certo feitio, torna-se uma questão gramatical: a palavra adquire um significado próprio, que a distingue de outras. Essa palavra não remete, entretanto, a uma ideia na cabeça das pessoas, mas, antes, a uma imagem, que Buffon quer fixar na imaginação de cada um de seus leitores – na esperança de que essa imagem oriente, doravante, a percepção que eles têm dos "cães reais". O objeto empírico ou natural é, portanto, um produto, e não um dado. A *História Natural* como dicionário razoado.

***

Buffon e Daubenton se calam sobre os cetáceos. Quase nada é dito a respeito desses "peixes" nas páginas de sua obra monumental. Estranha omissão, tendo em vista a importância deles

---

12 Sobre o que "as descrições implicam" na obra de Buffon, ver Stéphane Schmitt (org.), "Introdução", em Georges-Louis L. de Buffon, *Œuvres complètes*, t.IV.

para o comércio transatlântico da época das Luzes. Se quisermos saber a opinião dos filósofos a respeito desses belos animais, teremos de recorrer à *Enciclopédia*.

O verbete dedicado à "Baleia"[13] tem duas partes. A primeira, por Daubenton, é descritiva e se detém na anatomia do animal, quase não menciona sua etologia e ignora variedades da espécie. A segunda, por Diderot, traz o subtítulo "Pesca da baleia" e descreve com algum detalhe não apenas esse ofício como a sua razão de ser: o uso das partes do animal na vida humana. É questionável que os assinantes do segundo volume da *Enciclopédia* tivessem algum conhecimento, que fosse indireto, da figura de uma baleia. Mas sabiam, provavelmente, que a gordura do animal era utilizada para os mais diversos fins. Os signos verbais enviam a signos materiais: quem lê o verbete à luz de velas em seu escritório consome a gordura ali descrita. A imagem do animal se dissipa nos usos que o homem faz de seu organismo, a baleia é como que dissolvida, decomposta, transformada e reconfigurada pela arte humana.

O verbete sobre o "Narval"[14] é redigido por Jaucourt a partir da *Histoire de la Groenlande*, de Anderson, publicada em Paris em 1736, da qual extrai *ipsis litteris* boa parte de seu conteúdo. Jaucourt começa dando o nome do animal na literatura científica: "Narval, unicórnio do mar, *unicorne monoceros*; Charlet: *unicornum marinum, monoceros piscis*; Ray: *Nharwal islandês*." Um leitor com acesso aos dezessete volumes de texto da *Enciclopédia*, que, levado pela curiosidade, buscasse por um eventual

---

13 Daubenton; Denis Diderot, "Baleine (*Hist. nat.*)", em Diderot; D'Alembert, *Encyclopédie, ou Dictionnaire raisonné des arts, des sciences et des métiers*, v.II, p.32b-36a.

14 Louis Jaucourt, "Narwal (*Hist. anc. Icthiolog.*)", em ibid., v.XI, p.30b-31a.

verbete "Unicórnio", depararia com a entrada "Unicórnio fóssil",[15] de autoria do barão D'Holbach. Esse materialista convicto, que não tinha tempo para a fantasia, faz questão de mencionar que essa fossilização não pertence ao "animal fabuloso" conhecido por esse nome, mas a um "peixe cetáceo" encontrado nas águas da Groenlândia. "A única dúvida que paira sobre a questão" é se pertenceria a um narval o esqueleto fóssil encontrado em 1633 numa região montanhosa da Alemanha, mencionado por Leibniz em sua Pangea. A partir daí, outra remissão possível: "Marfim fóssil",[16] do mesmo Holbach, que versa sobre outros esqueletos da Alemanha e da Sibéria, atribuídos a um quadrúpede – os habitantes da Taiga falam em "mamute" e que Holbach decide serem de uma espécie de elefante. Trinta anos depois, em 1795, Cuvier irá cravar: espécie outra, e *extinta*. Contrariamente ao que afirma Élisabeth de Fontenay, o reconhecimento de que os animais têm uma história não está atrelado à dependência dessa história em relação ao homem.[17] O mamute de Cuvier nada mais é que uma forma óssea que atesta as idades geológicas de uma história – a da Terra – que transcorre à revelia da presença humana. Mais acertado falar, com a mesma autora, no animal como limite da representação humana do mundo natural (isto é, não humano: que não foi feito pelo homem). O mamute significa esse limite: uma vez reconstituído pela força do entendimento humano, ou, no caso, do entendimento de Cuvier, ele se interpõe entre o naturalista, indivíduo que pertence a uma espécie

---

15 Barão D'Holbach, "Licorne fossile (*Hist. nat.*)", em ibid., v.IX, p.486a-b.
16 Id., "Ivoire fossile (*Hist. nat.*)", em ibid., p.63a.
17 Élisabeth de Fontenay, *Le Silence des bêtes: la philosophie à l'épreuve de l'animalité*, p.23.

determinada, e o que ele só pode conhecer através dessa mesma forma – nunca, porém, como um "em si". A ciência naturalista se inflete em uma crítica da metafísica, precisamente quando põe de lado considerações de utilidade a respeito do animal.

***

Essa forma-limite da experiência humana também pode, eventualmente, ser tomada como ocasião para uma demonstração dos princípios (transcendentais em sentido lato) que levam a engendrá-la não nas "coisas", mas na razão. O fio condutor das análises de Lévi-Strauss no volume I das *Mitológicas* (O cru e o cozido) é um mito dos índios bororo, do Brasil Central, que tematiza esse animal. Mas, como acrescenta o autor, esse "mito de referência [...] não é senão uma transformação mais ou menos elaborada de outros mitos, provenientes da mesma sociedade ou de sociedades próximas ou afastadas".[18] Prepara-nos assim para as vertiginosas páginas que se seguirão, nas quais se desenhará uma morfologia dos mitos com suas instáveis, porém constantes, "relações de isomorfismo". Investigação "em espiral" que, se não esgota de maneira exaustiva sequer "os mitos e a etnografia" de uma única população, oferece, em compensação, os princípios universais de sua inteligibilidade.

Para Lévi-Strauss, essa sistematização da experiência, longe de ser uma operação fria ou indiferente, é perpassada por uma tensão, um conflito que subjaz a toda mitologia. Como ele escreve na conclusão do mesmo livro, "o pensamento mítico só aceita a natureza com a condição de poder repeti-la. Ao mesmo tempo, ele se restringe a conservar dela apenas as propriedades formais graças às quais a natureza pode significar a si mesma

---

18 Claude Lévi-Strauss, *Mitológicas*, v. I: O cru e o cozido.

e que, por conseguinte, têm vocação de metáfora".[19] Desde os primórdios da antropologia no século XIX, o pensamento mítico fez figura de produto passivo que acomoda de maneira muito imperfeita imposições que lhe são feitas pela "realidade". Lévi-Strauss sabe que nada é tão simples, e oferece aí, na conclusão de "O cru e o cozido", uma genealogia das figuras conceituais inventariadas em *O pensamento selvagem*. Com uma diferença. Agora, é o próprio pensamento mítico que *interpreta* a natureza, reconfigura suas relações, submete-as a uma grade a um só tempo alheia a ela e em profunda afinidade com seus procedimentos. Reconta, de modo próprio, uma história que não é bem humana, mas que, nessa nova narrativa, se torna a história dessa espécie. Precavendo-se contra a força destruidora das circunstâncias, o mito se encerra a si mesmo numa armadura conceitual que o antropólogo de nova extração traja confortavelmente.

Dar voz ao mito é reconhecer que ele tem por si mesmo um poder de estruturação e de revisão conceitual. Lévi-Strauss chega a dizer a certa altura que os mitos se criticam a si mesmos, "no sentido kantiano do termo", o que faz do mitógrafo, que os expõe na sucessão de uma análise que aponta para uma simultaneidade esquiva, não tanto um intérprete dos mitos quanto um leitor que aprende como eles se interpretam a si mesmos. Essa dimensão vertiginosa do livro justifica integralmente a pretensão, que de outra maneira poderia soar grandiloquente, de projetar o novo saber para além da filosofia – ela que tem na vertigem um efeito característico de seus momentos mais rarefeitos. Ou melhor: percebemos agora que a antropologia estrutural é uma ciência filosófica, que, para além do velho dualismo e de suas derivações desgastadas, retoma o veio

---

19 "Conclusão", em ibid.

daquelas teorias da significação que ousaram pensar o sentido para além do esquema da referência.

Em sua apresentação à tradução das *Mitológicas*, Beatriz Perrone-Moisés adverte que o "bestiário" que figura nas páginas do livro é um catálogo de signos e não de animais, de termos e não de coisas. Assim, na primeira edição da tradução, o leitor encontrava "onça" onde agora está o "jaguar", "raiz tupi-guarani do nome de uma variedade de felinos americanos", incluindo a onça pintada, "chamada de jaguaratê" ou "jaguar propriamente dito".[20] Mas o que é, afinal, esse bicho que se diz *jaguar* no mito, na ciência e na linguagem comum? Ouçamos Lévi-Strauss: "O jaguar e o homem são termos polares, cuja oposição é duplamente formulada em linguagem comum: um come cru, o outro, cozido, e, principalmente, o jaguar come o homem, mas o homem não come o jaguar. O contraste não é apenas absoluto, implica que na relação entre os dois termos existe uma reciprocidade nula". Tudo, nesse mundo dos mitos que, agora sabemos, é o nosso, não passa afinal de relação. A antropologia renovada nos libera, de uma vez por todas, das amarras dos "princípios últimos" e da ilusão de sentido que eles engendram.[21]

***

Resposta à pergunta: como os animais porventura "esquematizariam" esse que os reduz a seus próprios esquemas perceptivos, como formariam, para si mesmos, a representação desse outro animal que os toma como tropos de si mesmo?

---

20 Beatriz Perrone-Moysés, "Traduzir as Mitológicas", em ibid., p.11-2.
21 Ver a respeito Torres Filho, "O dia da caça", em *Ensaios de filosofia ilustrada*.

Até onde vai o caráter perspectivista da existência, ou mesmo se ela tem algum outro caráter, se uma existência sem interpretação, sem "sentido", não vem a ser justamente "absurda", se, por outro lado, toda existência não é essencialmente *interpretativa* – isso não pode, como é razoável, ser decidido nem pela mais diligente e conscienciosa análise e autoexame do intelecto: pois nessa análise o intelecto humano não pode deixar de ver a si mesmo sob suas formas perspectivas e *apenas* nelas. Não podemos enxergar além de nossa esquina: é uma curiosidade desesperada querer saber que outros tipos de intelecto e de perspectiva *poderia* haver: por exemplo, se quaisquer outros seres poderiam sentir o tempo retroativamente ou, alternando, progressiva e regressivamente (com o que se teria uma outra orientação da vida e uma outra noção de causa e efeito).[22] Mas penso que hoje, pelo menos, estamos distanciados da ridícula imodéstia de decretar, a partir de nosso ângulo, que somente dele *pode-se* ter perspectivas. O mundo tornou-se novamente "infinito" para nós: na medida em que não podemos rejeitar a possibilidade de que ele encerre *infinitas interpretações*.[23]

Em sua fase madura, a filosofia de Nietzsche rende homenagem a Schopenhauer – ele que, nas palavras de Maria Lúcia Cacciola, "abre sua obra principal enunciando uma verdade válida para todos os seres vivos dotados de conhecimento: *o mundo é a minha representação*".[24] O enraizamento biológico do transcendental, condição para toda metafísica futura, no plural ou no singular, que se queira válida como ciência.[25] Cláusula

---

22 No perspectivismo nietzschiano, toda extrapolação ontológica é fabulação – ingênua.
23 Friedrich Nietzsche, *A gaia ciência*, Lv.V, 373, p.249-50.
24 Maria Lúcia Cacciola, *Schopenhauer e a questão do dogmatismo*, p.27.
25 Ver Gérard Lebrun, "O subsolo da crítica: uma conferência inédita", em *A racionalidade equívoca* (no prelo).

restritiva, que confina a espécie humana a fabular, no melhor dos casos sem a ilusão de uma "objetividade", sobre outros mundos possíveis além dos que consegue imaginar para si mesma – que seja, a partir de uma "pomba" que voa no ar; ou então num jardim zoológico qualquer, como este de Paris, que aparece nas últimas linhas de um célebre diálogo de Diderot:

> Bordeu: – Por acaso a senhorita viu, em uma jaula no Jardim do Rei, este orangotango que tem o ar de um São João que prega no deserto?
> Senhorita de Lespinasse: – Vi, sim.
> Bordeu: – Pois o cardeal de Polignac lhe disse outro dia: "Fala, e eu te batizo!".[26]

---

26 Diderot, *O sonho de D'Alembert e outros escritos*, p.123.

6.
Um enxame de abelhas

Para Luís Nascimento, in memoriam

A ideia de que a vida só se deixa apreender como signo, jamais como essência, princípio ou fenômeno, se encontra por toda parte na *Enciclopédia*. Pertence a um ramo particular da medicina: a Semiótica, que consiste na arte de observar e interpretar os processos do corpo, que transcorrem ao abrigo da observação, a partir de sinais visíveis, tratando-os como signos de uma ordem regular, regida por leis constantes. A Semiótica se afirma como ciência quando abdica da pretensão de explicar o vínculo entre a alma e o corpo – adotando assim uma recomendação feita por Diderot no verbete "Alma" (*Encyclopédie*, v.1, p.327a-343b).[1] Para compreender os fenômenos relativos ao corpo, não é preciso remeter sua mecânica a um princípio unificador. Deixa de ser máquina, no sentido cartesiano de objeto que sofre a ação de leis estrangeiras à sua tessitura material, e ganha o estatuto de totalidade encerrada

---

1 Yvon; Diderot, "Alma", em Diderot; D'Alembert, *Enciclopédia, ou Dicionário razoado das ciências, das artes e dos ofícios*, v.6, p.29-51.

em si mesma, que se abre para fora, por certo, mas cujo funcionamento só se deixa apreender a partir da identificação de uma lógica própria, imanente. Para concebê-lo, é preciso forjar um novo vocabulário, que descreva sua singularidade de objeto dotado de regras próprias. A patologia é a chave para a compreensão da língua do corpo. Através dos sintomas, dos sinais de anomalia, o corpo como que fala para os sentidos do médico (o pulso, a tosse, o catarro etc.). A Semiótica realiza seu intento infletindo-se em uma Gramática. Mais que uma ciência dos signos, é um saber sobre a ordem do discurso. Seu objetivo é figurar o corpo a um só tempo como relação e como sistema: como natureza. Essa figuração é objeto de uma reflexão que se desenrola de maneira particularmente intensa em Diderot, no *Sonho de D'Alembert*. Essas páginas remetem a toda uma literatura, com destaque para a da Escola de Montpellier, onde Barthez, Bordeu e Ménuret de Chambaud – colaboradores da *Enciclopédia* – promovem uma revisão da ideia do corpo como máquina e chegam a uma concepção original da ideia de organismo.

***

A crítica do mecanicismo não implica a rejeição do modelo da máquina: "não é porque se toma, como ponto de partida, um modelo funcional mecânico, que a explicação resultante será mecanicista".[2] Mas esse modelo terá de ser pensado e representado em termos novos. Nas *Recherches anatomiques sur la position des glandes* (1751), Bordeu explica que "esta obra é um ensaio, a explicação de uma das questões mais importantes da economia animal. Refiro-me ao mecanismo de excreção

---

2 Palavras de Clara Castro em correspondência com o autor.

dos diferentes humores contidos no sangue".³ O fenômeno em questão é pensado a partir de uma ideia determinada – a economia animal – que inclui diferentes mecanismos. Até o presente, acrescenta Bordeu, "ignora-se o mecanismo dessas funções, e as forças que os dirigem ainda não são conhecidas com exatidão".⁴ Embora ocorra de modo automático, o princípio da excreção não se explica pelas leis da mecânica. Segundo Roselyne Rey, a ideia do corpo como máquina é questionada pela primeira vez em Montpellier no tratado de Bordeu sobre a posição das glândulas, publicado em 1751.

> Bordeu demonstra com grande rigor, a propósito de um problema em particular, a ação das glândulas, que é impossível que uma causa mecânica atue aí, qualquer que seja. Desmonta, um a um, todos os argumentos dos mecanicistas, examina os casos que lhe seriam *a priori* mais favoráveis, e conclui, assim, de maneira irrefutável, pela insuficiência do mecanicismo. Nem a ideia de uma peneira nem a hipótese da compressão permitem explicar como as glândulas atuam. Com isso, a secreção deixa de ser um fato-problema para se tornar um fato crucial, que põe abaixo o mecanicismo.⁵

Bordeu se restringe a apontar, a propósito de um fenômeno importante, o limite intrínseco à aplicação de leis mecânicas à fisiologia humana. Não é que o fenômeno em questão seja desconhecido: apenas não se deixa determinar a partir de uma analogia mecânica (a máquina não serve, nesse caso,

---

3 Bordeu, *Recherches anatomiques sur la position des glandes et sur leur action*, p.ix.
4 Ibid., p.x.
5 Roselyne Rey, *Naissance et développement du vitalisme en France de la deuxième moitié du 18ᵉ siècle à la fin du Premier Empire*, p.102.

como modelo). Essa analogia pode ser a aplicação de um conceito físico (de compressão) ou de uma metáfora técnica (a glândula como peneira).⁶ Com isso, o fato não é desmentido: torna-se, como diz Rey, "problemático", sugerindo ao fisiologista que seria necessário representar o organismo, nas palavras de Ménuret de Chambaud, como algo mais que uma "máquina bruta em que todas as partes e ações são independentes umas das outras e cujos movimentos isolados são executados de maneira frouxa (*mollement*) por princípios inanimados".⁷ Na teoria de Bordeu sobre as glândulas, essa flacidez é substituída pelo "eretismo (*éréthisme*)". Bordeu representa as glândulas como dotadas de uma atividade própria, ou da capacidade de se enrijecer e nesse estado secretar os líquidos em questão – movimento espontâneo, uma mola interna, própria ao órgão.⁸ Comentando esse ponto, Elizabeth Williams afirma que Bordeu pensa o eretismo das glândulas "como um estado análogo ao do pênis no ato da procriação".⁹ Consultando o tratado de Bordeu não encontrei nenhuma passagem que corrobore a ideia de que o eretismo das glândulas seria *análogo* ao do pênis, ou, se quisermos, ainda, à ereção do clitóris (que Williams não menciona). Em ambos os casos, são fenômenos visíveis, que serviriam como modelos aos invisíveis que Bordeu quer compreender. Ao contrário, a ereção peniana e a do clitóris são casos de eretismo, o que sugere uma propriedade comum a todos os órgãos, a que Bordeu chama de "sensação ou

---

6 O uso dessa metáfora tem lastro na tradição médica; ver Jackie Pigeaud, *La Crise*, p.15.
7 Rey, *Naissance et développement du vitalisme en France*, p.105.
8 Ver Jacques Roger, *Les Sciences de la Vie dans la pensée française au XVIIIᵉ siècle: la génération des animaux de Descartes à l'*Encyclopédie, p.618-26.
9 Elizabeth Williams, *A Cultural History of Medical Vitalism in Enlightenment Montpellier*, p.156-7.

tato".[10] Em vez de definir a sensação e ligá-la como princípio aos efeitos descritos – no caso, a atuação das glândulas –, Bordeu observa que a palavra é, na verdade, uma "metáfora": tudo se passa, aos olhos do médico, como se os órgãos fossem dotados de uma sensibilidade ou irritabilidade própria,[11] ou como se fossem, à maneira dos pólipos, "vegetais animalizados", elementos híbridos de uma estrutura que apenas nominalmente se define como pertencente a um imaginário "reino animal".

E se nesse jogo entre conceitos e metáforas a própria ideia de "ereção" fosse, como quer Williams, tipificada pela ereção peniana? Ora, como essa mesma autora observa, de todos os líquidos que se difundem pelas partes do corpo humano, o "líquido seminal" oferece, como diz Bordeu, "a imagem ou tipo a que todos os outros humores se conformam", chegando mesmo a responder pelo que Bordeu chama de "essência da vida".[12] O que nos leva a concluir que a crítica do mecanicismo, ao mesmo tempo que revitaliza o animal-máquina humano, associa a atividade sexual à vitalidade. Lembremos aqui a terceira parte de *O sonho de D'Alembert*, que termina com uma discussão entre dois personagens, Bordeu e Julie de Lespinasse, sobre o líquido seminal e o desejo sexual. A fisiologia começa a se infletir em antropologia quando se põe a questão de saber se não haveria uma lógica do desejo humano.

Seja como for, delineia-se no texto de Bordeu uma distinção que ficará cada vez mais clara, também em outros autores, entre o mecânico e o orgânico, o inanimado e o vivo. Mas

---

10 Ver Roger, *Les Sciences de la Vie dans la pensée française au XVIIIe siècle*, p.622-3.
11 Bordeu não distingue claramente essas propriedades; ver ibid., p.625-6.
12 Williams, *A Cultural History of Medical Vitalism in Enlightenment Montpellier*, p.241.

não se trata de ideias excludentes. Como mostra Rey, o verbete "Economia animal", escrito por Ménuret de Chambaud para a *Enciclopédia*, fala do "corpo humano" como uma "máquina complexa ao extremo" (*extremement composée*), detalhando a metáfora por referência a um "emaranhado de cordas, alavancas, polias e outros aparatos mecânicos".[13] Ao que a autora acrescenta: "existe entre as duas ordens um intervalo que não é fácil suprimir. O mecanicismo pode até dar conta da sucessão, do encadeamento das funções, mas não permite explicar, ou sequer conceber, a sua interdependência, a sua interação".[14] O tratamento serial da representação impõe a adoção do modelo mecânico, o seu tratamento simultâneo resulta na adoção de um modelo sistemático, ou "orgânico".

Para integrar essas duas ordens ou suprimir a lacuna entre elas, é preciso uma crítica imanente do modelo mecânico, flexibilizando-o de modo a conceber uma máquina em que a sucessão e a interdependência dos fenômenos possam ser representadas como aspectos complementares de um mesmo sistema. Para tanto, será postulada a existência de certas propriedades, como a elasticidade, a irritabilidade e, principalmente, a sensibilidade – não importa em que parte do corpo elas se encontrem, se nas fibras, músculos ou nervos. Com isso, a "máquina estático-hidráulica composta de sólidos e fluidos" a que Ménuret se refere jamais poderá ser confundida com uma máquina de fabricação humana, pois, ao contrário desta, é dotada de "movimento e sentimento" próprios.[15] "Tudo se passa", observa Rey, como "se o termo máquina fosse conservado sem, no entanto, se referir ao modelo mecanicista,

---

13 Rey, *Naissance et développement du vitalisme en France*, p.105.
14 Ibid.
15 Ibid., p.107, 114.

exprimindo duas ideias: a complexidade do corpo humano e a interação entre as suas partes."[16] Essa mudança semântica implica a supressão da analogia técnica.[17] Pensar a máquina como imanência, ou o organismo como "máquina sensível": expressão inusitada, que é preciso determinar adequadamente.

***

De uma constatação experimental de Bordeu se extrai, na pena de Ménuret de Chambaud, uma série de proposições teóricas. Mas uma leitura atenta do verbete "Economia animal", que Rey a justo título considera como uma das peças centrais do inventário conceitual de Montpellier, mostra ambiguidades e "hesitações" (como ela diz) que indicam que as proposições antimecanicistas de um Ménuret de Chambaud ou de um Bordeu não equivalem a uma ideia positiva de organismo, mas, antes, oferecem um esquema diferente, uma variação ou distensão do modelo da máquina, tal como aplicado aos seres vivos em geral e à fisiologia humana em particular. Preservando intacto, até certa medida, o vocabulário mecanicista, esses teóricos tampouco se desembaraçam da ideia de máquina, que eles sobrepõem, com alguma desenvoltura, à de economia animal. Diante disso, poderíamos nos perguntar se os fisiologistas não padeceriam de certa inaptidão filosófica: não veem que é simplesmente um contrassenso falar em máquina sensível? Que uma aberração como essa não tem sentido? Melhor manter intacta a analogia imperfeita da máquina enquanto tal, feitas as já mencionadas reservas, e que limitam a comparação, ou

---

16 Ibid., p.114.
17 Empregamos aqui a expressão consagrada por Gérard Lebrun em *Kant e o fim da metafísica*.

então, abandonar esse modelo e pensar o ser vivo em sua originalidade, reconhecendo que ele exige, para além de metáforas, conceitos novos. Mas, por outro lado, haveria lugar, em tais desenvolvimentos filosóficos, para as imprecisões de médicos desacostumados aos rigores da especulação?

Antes, porém, de nos rendermos à versão oficial de uma história mal contada, vale consultar, mais uma vez, as páginas de Rey. A certa altura, comentando a estranha combinação de metáforas mecanicistas e sugestões organicistas nos verbetes de Ménuret para a *Enciclopédia*, ela nos adverte para um efeito interessante, decorrente da leitura desses textos: "nenhuma dessas imagens tem a pretensão de oferecer a essência última da função ou do fenômeno que elas evocam, apresentam-se como aproximações imperfeitas, cientes de ter um valor puramente analógico. Em nenhuma parte, afirma-se uma identidade de natureza entre os objetos inanimados e o corpo humano".[18]

O que é comparado, na analogia entre corpo e máquina? As partes de um produto da arte humana e as partes, órgãos ou vísceras de um corpo natural. De um lado, a fabricação, do outro, a geração. Por que insistir na analogia, dada a disparidade? Mas é precisamente porque há disparidade que pode haver analogia. O uso da analogia é, assim, uma crítica da ontologia cartesiana: sobressai, entre máquina e corpo, a primeira como metáfora do último, a diferença, a heterogeneidade. Isso permite, inclusive, a adoção de metáforas maquinais não mecanicistas, como quando Julie de Lespinasse escreve, em suas cartas, que seu próprio coração é um "termômetro" de suas paixões.[19] Objeto técnico, o medidor de temperatura não se

---

18 Rey, *Naissance et développement du vitalisme en France*, p.113.
19 Citada e comentada por Michel Delon, *Sciences de la nature et connaissance de soi au Siècle des Lumières*, p.57-8.

confunde com as máquinas formadas por alavancas, polias etc. concebidas para a produção de força mecânica.

Ménuret de Chambaud observa à risca um preceito que será estabelecido por Condillac como lema, anos depois:[20] toda ciência é uma língua bem-feita e toda língua é um método de análise e analogia. O que se entende por analogia: passar do conhecido ao desconhecido, por meio daquilo que se conhece no desconhecido, já a partir do conhecido. No caso que nos interessa, o corpo humano é menos conhecido do entendimento do que as máquinas que o próprio entendimento pensou, projetou e ajudou a fabricar; ao contrário dessas máquinas, o corpo é dado pronto, como um sistema que opera por si mesmo e a cuja regulação espontânea, outrossim inexplicável, os médicos dão, desde a Antiguidade, o nome de "natureza", apreendendo-a de maneira oblíqua. Ora, até pela índole da operação que estamos descrevendo, em nenhum momento está em questão a essência desses corpos. Quer dizer, a imprecisão, a hesitação, a ambiguidade da crítica de Ménuret ou Bordeu ao mecanicismo estrito é uma consequência lógica da recusa de vincular a semiótica da fisiologia humana a uma ontologia da experiência física. Trata-se de uma recusa deliberada: a condição para a apreensão da complexidade dos fenômenos fisiológicos é o abandono de uma ideia do corpo como máquina e a adoção de um modelo parcialmente mecanicista na compreensão disso que agora se chamará "organização".

Comentando esse ponto, Charles Wolfe fala de uma "posição intermediária e pragmática entre dois extremos determinados metafisicamente". E acrescenta que, se "a máquina não é organismo", e o organismo não é máquina, os dois termos podem ser postos em "relação fluida", formando um

---

20 Ver Condillac, *Lógica e outros escritos*.

"híbrido", de maneira que os filósofos mais afeitos aos sistemas (aos quais repudia a análise da experiência) poderiam considerar leviana, para não dizer irresponsável.[21] Mas nenhum desses filósofos tem de se haver com explicações detalhadas de operações fisiológicas e menos ainda com a prática médica para a qual esses fenômenos têm tanta importância. Contra eles, Ménuret de Chambaud teria razão em dirigir a pecha da abstração: fácil opor organismo e mecanismo, quando se tem em vista um constructo sistemático e não um sistema natural (o corpo), no qual não se identifica vestígio de intenção e desígnio. Mas, então, o hibridismo teria de ser deslocado, da comparação entre máquina e organismo, à qual Wolfe ainda se refere em termos que trazem uma inspiração cartesiana, para o âmbito das relações entre máquinas de um mesmo gênero – ou, se quisermos, entre "organismos" afins. Ideia que tem um quê de humorístico, como quando, no final do terceiro diálogo de *O sonho de D'Alembert*, o dr. Bordeu propõe à srta. de Lespinasse uma nova raça de seres híbridos, resultantes do cruzamento entre humanos e caprinos – que prodígios não seriam, na realização das mais pesadas tarefas? Mas quem garante que não teriam uma energia sexual irrefreável? São efeitos incalculáveis da mistura entre máquinas de espécies diferentes – ou, como poderiam preferir os cartesianos, entre máquinas híbridas, humanas, e outras, puras, animais.

***

---

21 Charles Wolfe, *La Philosophie de la biologie avant la biologie: une histoire du vitalisme*, p.229, 231.

Nem máquina nem organismo, o corpo fisiológico, signo equívoco da alma metafísica, é organização. Conceito nebuloso, que a *Enciclopédia* tenta definir recorrendo a uma tautologia: "arranjo das partes que constituem os corpos animados. O princípio primeiro da organização se encontra nas sementes. A organização de todos os corpos origina-se na organização de um primeiro. A organização das partes sólidas é executada através de movimentos mecânicos".[22] Organização é um atributo dos corpos animados; eles a adquirem a partir de sementes, e a transmitem a outros corpos por meio de geração, e, nesse sentido, toda organização é específica; por fim, a organização é mecânica quanto aos sólidos, à agregação e justaposição de partes, mas não, presume-se, quanto aos líquidos (reencontramos aqui a máquina "iatromecânica" da qual Ménuret de Chambaud fala no verbete "Economia animal").[23] Sem propriamente definir organização, o verbete a remete como predicado a um sujeito – os "corpos animados" – que, no entanto, permanece indeterminado. Mas, afinal, o que é um corpo animado? Definição de saída impossível ou, antes, inviabilizada pela exceção feita à alma como objeto de fisiologia. Caberia falar em outro princípio, a "vida", a animar o que é desprovido de alma? Não nos precipitemos. Voltemos a Bordeu, em 1752, nas mesmas *Recherches anatomiques sur les glandes* já mencionadas. "Se comparamos o corpo vivo a um enxame de abelhas que se reúnem em pelotões, pendurando-se em árvores à maneira de cachos de uva", ele explica, é para "ver melhor a ação própria de cada uma de suas partes" (diga-se de passagem: o uso comum da língua portuguesa admite "cachos de abelhas"). A partir

---

22 Diderot; D'Alembert, *Encyclopédie*, v.XI, p.629.
23 Ménuret de Chambaud, "Economia animal", em ibid., p.360a-366b.

dessa imagem, infere-se que "cada parte, se não é, sem dúvida, um animal, é, por assim dizer, *uma espécie de máquina à parte*, que, contribui, à sua maneira, para a vida geral do corpo".[24]

Comentando a imagem proposta por Bordeu,[25] François Duchesneau explica que a "unidade do organismo" resulta da "integração parcial de processos funcionais fragmentários" e que a vida é um efeito da ação coordenada, equilibrada e bem dosada de cada uma das partes sobre as outras, como numa máquina.[26] Ao que caberia acrescentar a ideia, destacada por Enid Dobránszky, de uma "descentralização" dos indivíduos orgânicos: o sistema vivo funciona, precisamente, porque a sensibilidade comum às partes é contrabalançada pela sensibilidade de cada uma delas.[27] A metáfora é, portanto, conceitual, e a imagem que ela propõe, suficientemente inusitada, deve ser remetida àquela ideia de Bordeu segundo a qual os órgãos têm vidas próprias, são vegetais animalizados. Por mais que um enxame e as abelhas que o compõem não sejam uma máquina, perfazem uma organização de tipo singular, diríamos sistemática, já em sentido fisiológico. Ménuret de Chambaud ensina no verbete "Observação" que a comparação proposta por Bordeu se opõe a outra, favorecida pelos médicos de viés mecanicista: o corpo organizado como revoada de pássaros que cruzam os céus em formação, sem, no entanto, interagir uns

---

24 Rey, *Naissance et développement du vitalisme en France*, p.159.
25 A metáfora do enxame de abelhas está nas *Bucólicas*, de Virgílio, l.4, vs. 557-8. Uma referência talvez mais direta para o leitor de Bordeu seria a *Vênus física* (1754) de Maupertuis. Ver Alexandre Wenger, *Le Médecin et le philosophe: Théophile de Bordeu selon Diderot*, p.40.
26 François Duchesneau, *La Physiologie des Lumières*, p.538.
27 Enid A. Dobránszky, *No tear de Palas: gênio e imaginação no século XVIII*, p.193-201. A autora oferece uma explicação da teoria de Bordeu um pouco diferente da proposta aqui.

com os outros e que, chegando ao seu destino, se desfaz (a imagem tem um aporte teleológico).[28] A pertinência da metáfora de Bordeu é reforçada, ainda, pela prática médica, em especial no diagnóstico de patologias, em que a unidade e a coesão sistemática entre as partes do corpo despontam a partir das rupturas em elos necessários à sua integralidade.[29] Temos, portanto, duas ideias diferentes de máquina, numa delas o todo é representado como agregação, na outra, como sistema.

As abelhas de Bordeu ressurgem em *O sonho de D'Alembert*, figurando o ser vivo em termos de "unidade", "contiguidade", "continuidade", "combinação" e "agregação". A certa altura, Julie de Lespinasse relata o delírio de D'Alembert, que, em pleno sono, tivera um lampejo de lucidez: "Assim como uma gota de mercúrio funde-se em outra gota de mercúrio, uma molécula sensível e viva funde-se a outra sensível e viva". A partir desse início incipiente, "tudo concorre", por ação e reação, "para produzir uma espécie de unidade que só existe no animal". Temos aí um conceito particularizado e relativo de unidade. Essa unidade em particular é dada, na teoria do Bordeu real – senão na do personagem –, a partir da atuação do cérebro sobre os nervos, que cumpre assim a função outrora atribuída à alma.[30] Seja como for, esse elemento não aparece na trama do diálogo. Em vez dele, vem a metáfora do enxame de abelhas – que Diderot propõe quase como se fosse um ideograma a ser decifrado, ainda mais por ocorrer a D'Alembert num transe onírico. O relato dessa imagem por Julie provoca em Bordeu a seguinte reação:

---

28 Ménuret de Chambaud, "Observação", em Diderot; D'Alembert, *Encyclopédie*, v.XI, p.313b-321a.
29 Rey, *Naissance et développement du vitalisme en France*, p.160.
30 Ver Roger, *Les Sciences de la vie dans la pensée française au XVIIIe siècle*, p.624.

O homem que julgasse que este enxame é um animal estaria enganado. Mas, senhorita, presumo que ele continuou a falar convosco. Quereis que ele julgue de modo mais sadio? Quereis transformar o enxame de abelhas num só e único animal? Amolecei as patas pelas quais elas se agarram; de contíguas que eram, se tornarão contínuas. Entre este novo estado e o precedente, há certamente uma grande diferença; e qual é esta diferença, senão que agora trata-se de um todo, um animal único, e antes era apenas uma reunião de animais?[31]

Da agregação (contígua) ao sistema (contínuo), a fisiologia ajusta e corrige a gramática do sonho, dando assim à metáfora o valor de uma explicação objetiva: é ela que nos leva à ideia do ser vivo, máquina organizada, como um todo integrado e à parte, que se distingue dos demais seres materiais por uma propriedade especial. "O prodígio", acrescenta D'Alembert em pleno sonho, "é a vida, é a sensibilidade; e este prodígio não é mais um prodígio. Depois que vi a matéria inerte passar para o estado sensível, nada mais me espanta".

***

Diderot caçoa de D'Alembert. Como um geômetra poderia compreender processos vitais, engendrados na matéria, a partir de modelos abstratos? À primeira vista, a geometria não tem lugar na fisiologia pós-cartesiana. No lugar da aplicação experimental de modelos matemáticos, entram as descrições feitas a partir da observação. É verdade. Mas a geometria, mais do que útil, é necessária a essas descrições. Ela mesma se torna o

---

[31] Diderot, *O sonho de D'Alembert*, Coleção Os Pensadores, v.XXIII, p.395.

instrumento para a elaboração de uma metáfora que se superpõe à do enxame de abelhas: o corpo vivo como superfície espacial. Ela é mapeada por Bordeu na introdução às *Recherches anatomiques sur les maladies chroniques* (1775). O médico-filósofo começa por um princípio fisiológico, inferido da análise clínica do corpo humano: ele tem dois centros de sensibilidade interna, a cabeça, na qual se localiza o cérebro, e o epigástrico. Estão ligados entre si por uma série de conexões nervosas. Esses fatos são projetados numa grade geométrica:

> O corpo humano foi considerado aqui como sendo formado por duas metades iguais e simétricas, adicionadas a um eixo, e como que coladas a ele [...]. O corpo é dividido, ainda, por um plano horizontal, paralelo ao diafragma, que corta o eixo em duas partes, superior e inferior, que se contrabalançam continuamente pela resistência oferecida pela massa das entranhas.[32]

A divisão axial é completada pelo corte horizontal. Essa representação permite a Bordeu tomar o corpo como um sistema em equilíbrio constante, determinado pela resistência das "massas de entranhas". Unidade tridimensional, portanto, cujo interior será agora pensado a partir da delimitação de "departamentos" de ação de cada órgão, dotado de sensibilidade própria, realizando suas funções em encadeamento estrito com os demais. Essa delimitação e essa relação acontecem na forma de forças centrípetas, que atuam sobre os órgãos de fora para dentro, e centrífugas, de dentro para fora.[33] Bordeu chega, com isso, à propriedade essencial dos corpos vivos: a matéria. Todo corpo, vegetal ou animal, se reduz "a uma massa de substância

---

32 Bordeu, *Recherches anatomiques sur la position des glandes*, p.12-3.
33 Ibid., p.13-4.

mucosa, albuminosa, elemento de nutrição de todo vegetal, de todo animal, extraído dos diversos alimentos, devidamente processados".[34] Esse trabalho é executado por músculos dotados de uma força tônica própria, que opera de acordo com um "ritmo": a ideia de harmonia do corpo, entende-se agora, é uma metáfora musical.[35] Da geometria espacial à marcação matemática do ritmo, o vocabulário cartesiano, submetido a um tratamento gramatical, torna-se jargão.

***

Muito se fala a propósito de um vitalismo da Escola de Montpellier, de Diderot e da fisiologia da época da Revolução Francesa. Mas nem sempre é claro o que se entende pela palavra "vida", mesmo, por exemplo, numa expressão corriqueira como "ciências da vida". A situação se torna mais delicada quando se acrescenta, a esse termo, o sufixo "ismo". Muitos pensaram, entre eles Cuvier e Bernard, que a palavra "vida" é um subterfúgio, alude a algo que não se define e não se dá a conhecer. Para Diderot, não: a ideia de vida é uma dessas que o naturalista adota quando, sem poder contar com a observação da natureza, recorre à interpretação. É o que acontece, notadamente, quando percorre séries empíricas de fenômenos, ligando-os uns aos outros por causas e efeitos. Então, ele se depara com uma dupla abertura. De um lado, é impossível chegar a uma causa primeira de todos os fenômenos; de outro, tampouco, é possível obter o término último desses mesmos fenômenos.[36]

---

34 Ibid., p.14.
35 Ibid., p.17.
36 O mesmo problema é recolocado por Kant na *Crítica da razão pura*. Ver: Immanuel Kant, "Analítica dos conceitos", cap.II, §13, "Dos princípios

O naturalista dotado de gênio não se abala, "e conjectura, a partir do que é, o que deve ser" e "extrai, da ordem das coisas, conclusões abstratas e gerais, elevando-se à essência mesma dessa ordem".[37] Tal é a ideia de vida: oferecendo um princípio determinado de condicionamento dos fenômenos concernentes à economia animal, propicia, ao mesmo tempo, a ideia de uma natureza, "orgânica", que se renova ciclicamente, e continuamente, encerrando-se sobre si mesma, pondo-se, na experiência, como totalidade organizada. Contra a ilusão de que a vida está sujeita ao domínio de uma "objetividade", a ideia de que ela pertence a uma teoria dos signos.

A vida como termo-limite da análise fisiológica aparece com outra roupagem na teoria de Barthez.[38] Sua situação nessa teoria é assim descrita por Lavabre-Bertrand: dado que "o encadeamento dos fenômenos da vida em cadeias causais não nos permite remontar a explicações físicas e químicas", a posição de um princípio vital indeterminado permite explicar, de maneira coerente e unificada, uma série de "fenômenos fisiológicos" e dar sentido ao vocabulário das "sinergias" e "simpatias" empregado para descrever a concorrência recíproca entre as partes dos organismos.[39] Mas Barthez, à diferença de Diderot, se refere ao princípio vital como "causa experimental", ou seja, cujas leis são "conhecidas unicamente a partir da experiência", quer dizer, a partir da análise dos efeitos que elas

---

de uma dedução transcendental em geral", em *Crítica da razão pura*.

37 Denis Diderot, *Da interpretação da natureza*, cap.56, p.77.

38 Para um comentário sucinto dessa doutrina, ver Waisse et al., "Raízes do vitalismo francês", op. cit., p.631-6.

39 Thierry Lavabre-Bertrand, "Le Vitalisme de l'École de Montpellier", em Pascal Nouvel (dir.), *Repenser le vitalisme*, p.57-71. Para a ideia de energia na fisiologia, ver Michel Delon, *L'Idée d'énergie au tournant des Lumières*.

produzem. Quando se fala, portanto, em "princípio, potência, força, faculdade" e termos afins, não são designadas entidades abstratas. Como explica François Duchesneau,

> Barthez inclui na ideia de causa experimental o resultado de uma comparação entre uma conexão dada e outra conexão, de ordem análoga, em que a sucessão dos fatos foi averiguada de forma rigorosa. A identificação de uma causa depende, portanto, de uma inferência, na qual a conexão entre fenômenos é tomada como modelo da produção de um fenômeno de tipo mais complexo. Ou, nos termos da análise de Condillac, o simples, figurado pela causa experimental, corresponde ao fator determinante da conexão representada pelo efeito.[40]

Ou, como diz o próprio Barthez, citado por Duchesneau, "pode ser útil empregar o nome de causa ou faculdade experimental como se esse elemento fosse conhecido", embora não o seja, pois "essa expressão indeterminada abrevia o cálculo analítico dos fenômenos";[41] ou, ainda: "o nome de faculdade oculta" pode ser utilizado "a exemplo das letras na álgebra".[42] Se a conjectura implica, para Diderot, ver além da experiência, para Barthez, amparado em Condillac, ela é a simples determinação do desconhecido a partir do conhecido, operação que embasa a estruturação do conhecimento a partir do modelo algébrico. O uso da "noção de princípio" em fisiologia "designa a unidade da determinação causal desconhecida, mas pressuposta na ordem e na conexão entre os fenômenos vitais. Ela serve para orientar a síntese explicativa nos limites

---

40 Duchesneau, *La Physiologie des Lumières*, p.600.
41 Ibid.
42 Ibid.

da experiência de fato".⁴³ A ideia de vida figura no discurso fisiológico como metáfora de uma indeterminação que escapa à observação e, portanto, a toda inferência.

***

Estas breves considerações não pretendem oferecer uma visão de conjunto das teorias vitalistas formuladas na Faculdade de Medicina de Montpellier na segunda metade do século XVIII, e tampouco mostrar em detalhe as afinidades e diferenças entre autores tão originais como Barthez, Bordeu ou Ménuret de Chambaud, para ficarmos apenas nos aqui mencionados. Mesmo porque essa tarefa já foi realizada, em ampla medida, pelos estudos que tivemos a oportunidade de citar. Mais pontual, nossa análise chama a atenção para a aliança, nunca declarada abertamente, mas, a nosso ver, presente em passagens importantes dos escritos médicos, entre, de um lado, o estudo da fisiologia e a prática da medicina, e, de outro, o que chamaremos aqui de teoria dos signos, ou semiótica. Não se trata de meramente reiterar a observação de Foucault, entretanto correta, segundo a qual, "na tradição médica do século XVIII, a doença se apresenta ao observador por meio de sintomas e de signos".⁴⁴ Os signos e sintomas da doença não apontam para um espaço de circulação de fenômenos que se subtrai à representação, ao contrário, constituem o corpo como espaço de representação, e permitem, inclusive, pensar esse "para além de" como uma região legitimada pelo que está ao alcance da observação. Malgrado as diferenças importantes

---

43 Duchesneau, *La Physiologie des Lumières*, p.603.
44 Michel Foucault, *O nascimento da clínica*, p.97.

entre as ideias de conjectura em Diderot e em Condillac, ambas falam de como dizer o que não é visto, de como circunscrever, a partir da enunciação, os contornos do que é dito por alusão (ou, em termos filosóficos, por analogia). O observador mais perspicaz, auxiliado pelos mais poderosos instrumentos, continua a transitar por esse circuito, furtando-se a instituir uma experiência essencial do corpo ou, o que dá no mesmo, a validar uma hierarquia em que ele se encontra submetido a um princípio de regulação extrínseco a si, chame-se alma, sujeito ou vida.

Nesse sentido, a ideia de vida é um operador crítico, que coloca a fisiologia em outro patamar, para além dos dilemas da filosofia clássica. Esse deslocamento se encontra por toda parte na *Enciclopédia*. Dois exemplos a título de conclusão. No verbete "Nascer",[45] Diderot anota: "Propriamente dizendo, ninguém nasce, ninguém morre, existimos desde o começo das coisas e continuaremos a existir até que sejam consumidas". E explica mais à frente que a ideia de morte como término absoluto da vida é puramente moral, e se deve ao sentimento de pesar que os seres experimentam quando da perda de um ente próximo. Na experiência sensível, não há vida nem morte: tudo é sucessão, e tudo é movimento. Essas considerações são espelhadas no verbete "Morte", verdadeira peça de literatura redigida por Ménuret de Chambaud.

> Considerada exclusivamente do ponto de vista que nos interessa, a morte deve ser vista como a completa supressão das funções vitais, e, nessa medida, como o estado mais grave e mais antinatural em que o corpo poderia se encontrar, como o período derradeiro das doenças, e o mais alto grau de síncope. [...] Só conhecemos a morte como

---

45 Diderot, "Nascer", em Diderot; D'Alembert, *Encyclopédie*, v.XI, p.10.

oposição à vida, assim como o repouso só manifesta por um contraste direto com o movimento.[46]

Definição tautológica de um ponto de vista filosófico, mas perfeitamente válida em perspectiva gramatical, apoiada na língua da física. O verbete mostra que, assim como a morte é oposição à vida, esta só difere daquela na medida em que se manifesta no corpo um movimento, signo da presença de uma sensibilidade, ou princípio vital. Ménuret de Chambaud está mais interessado em saber quando a vida termina e a morte se instaura do que em definir esses estados enquanto tais. Para tanto, é preciso recorrer a signos que o corpo emite ou deixa de emitir, dos quais o pulso é o principal. Mas ele nos engana, e é preciso ser um médico tarimbado para não confundir o movimento do sangue que corre nas próprias veias de seus dedos com o daquele das veias do paciente. A ideia de princípio vital, confirmada, nessa situação, pelo tato – a única maneira inequívoca de identificar a vida, que seja por sua ausência –, não se contrapõe à física newtoniana. Ao contrário, confunde-se com a ideia de movimento, apenas permanece arredia ao cálculo matemático – embora não ao cálculo fisiológico de Barthez. Encerra-se o círculo das significações fisiológicas. Deslocando-se no interior do perímetro assim traçado, o médico-filósofo poderá forjar uma língua bem-feita e liberar sua ciência das injunções da velha ontologia, evitando, ao mesmo tempo, a tentação sistemática de uma filosofia ou metafísica da natureza.

***

---

46 Ménuret de Chambaud, "Morte", em *Enciclopédia*, v.3, p.290.

A dificuldade de apreensão da vida como fenômeno é compensada, em certa medida, pelo caráter objetivo da morte como evento. O médico tem a esse respeito um ponto de vista privilegiado, pois ele não somente pode observar a morte de seus pacientes, como também reflete filosoficamente sobre a sua própria morte. No ensaio "A morte e o médico", Jacques Proust mostra como a atitude de Bordeu evoluiu ao longo dos anos, diante da morte de seus pacientes. Se o jovem médico trata esses eventos com certo desapego, à medida que os anos passam ele passa a vê-los com a devida gravidade. O que o leva a compreender que sua própria morte tem um sentido determinado. Jacques Proust escreve: "O duque de Lévis afirma em suas memórias que Bordeu, sem renunciar à sua atividade profissional, como que precipitou o seu próprio fim, aplicando a si mesmo, para suportá-lo, medicamentos heroicos".[47] O organismo, metáfora da "vida", afirma sua força na ação mesma que leva à sua supressão.

---

47 Jacques Proust, "La Mort et le médecin. A propos de Théophile Bordeu", em Trousson, *Thèmes et figures du Siècle des Lumières*, p.203-13. Uma variação do mesmo tema é proposta por Jean Starobinski, desta vez a propósito da morte de Diderot; ver "Note sur l'angine de poitrine et la mort subite", em *Diderot: un diable de ramage*, p.410-4.

7.
A estátua viva

Na história recente da interpretação de Condillac, poucos eventos tiveram consequências tão marcantes quanto a publicação de *As palavras e as coisas*, de Michel Foucault, em 1966. Condillac é um dos heróis do livro, responsável por romper com a concepção de representação tipificada na *Lógica* de Port-Royal. A leitura de Condillac por Foucault nem sempre é rigorosa, mas, além de recuperar um filósofo que andava esquecido, ela tem seus acertos, e costumam ser preciosos. Como nesta passagem do cap.4, "Falar".

> A linguagem de ação é o corpo que fala. Contudo, ela não é dada desde o início. Tudo o que a natureza permite é que o homem, nas diversas situações em que se encontra, gesticule; seu rosto se mexe agitado, ele emite gritos inarticulados – isto é, que não surgem nem da língua nem dos lábios. Nada disso é ainda linguagem ou signo, mas efeito e decorrência de nossa animalidade. Essa agitação manifesta tem a seu favor, no entanto, ser universal, e só depender de nossos órgãos. Daí a possibilidade que se oferece a cada um de observar que ela é idêntica em si mesmo e naqueles que o cercam. É possível, com isso, associar, ao grito que se ouve de outro, ao

trejeito que se percebe em seu rosto, as mesmas representações que tantas vezes duplicaram os próprios movimentos e gritos. Pode-se perceber essa mímica como a marca e o substituto do pensamento do outro: como signo.[1]

Foucault se refere aí à segunda parte do *Ensaio sobre os conhecimentos humanos* (1746), dedicada à linguagem e às suas origens, que Condillac reconstitui segundo o método conjectural, ou, nesse caso, a partir da decomposição dos elementos estruturantes das línguas atualmente em uso (seus modelos são o francês clássico e o latim dos antigos).[2] Essa passagem de Foucault me parece exemplar, pois destaca uma circunstância do *Ensaio* que não costuma ser devidamente notada. A origem da linguagem verbal é a linguagem de ação; antes da voz, e do som articulado que se exprime em sucessão, veio a pantomima dos gestos e sons simultâneos, que pintam um quadro confuso, que, aos poucos, se torna vivo e exprime um sentido. Da linguagem de ação natural passamos, assim, à artificial. Caberá à voz deslindar esse emaranhado, reconstituindo-o na ordem do discurso, onde se tornarão claras as partes que o compõem. Mas a passagem da linguagem de ação à linguagem verbal é também o início de um processo que culminará na abstração, e no desvio e na perda do signo em relação ao significado. Isso acontece, principalmente, quando a palavra deixa de ser falada e se torna escrita, desprendendo-se da enunciação verbal que mobiliza todo o corpo e se concentrando na postura de quem escreve e no movimento contido das mãos. Mas o que é isso, afinal, que o corpo significa? A sensação. Portanto, cabe falar,

---

[1] Michel Foucault, *As palavras e as coisas*, p.211.
[2] Condillac, *Ensaio sobre a origem dos conhecimentos humanos*, parte II, p.171-281.

com Foucault, em "animalidade" e em "órgãos", como lastro último de todo signo, de toda expressão, simultânea ou sucessiva. Esse achado de interpretação não é explorado em *As palavras e as coisas*, onde Foucault não acompanha Condillac, que, no *Tratado das sensações* (1754), remete o signo à sensação, que antecede a linguagem.[3]

***

O *Tratado das sensações* tem como personagem principal uma estátua. A ideia de pôr no centro do livro essa figura, de início desprovida de sentidos, que vai, aos poucos, ganhando corpo e vida, ocorreu ao filósofo a partir de conversas com sua principal interlocutora, a srta. Ferrand, filósofa e geômetra, à memória da qual ele dedica a obra. Capítulo importante na história da participação ativa das filósofas nas Luzes francesas: marquesa de Châtelet, madame de Deffand, Julie de Lespinasse, Sophie Volland, entre outras. Evocando sua amiga, então já falecida, Condillac rende tributo à imaginação – faculdade sem a qual não pode haver filosofia.

A recepção da obra foi, desde o início, marcada por opiniões fortes. Grimm, editor da influente *Correspondência literária*, afirma que a estátua é uma "ideia poética" de Condillac, que, ao contrário de outros, "não a embeleza com os ornamentos da poesia ou tampouco com as riquezas de uma imaginação brilhante".[4] A pontada tem endereço certo: Buffon, que anos antes imaginara uma estátua no capítulo "Do sentido em geral", da *História Natural*.[5] Buffon é um escritor excelente;

---

3 Id., *Tratado das sensações*.
4 Grimm, *Correspondance littéraire*, t.I: 1753-1754, p.315.
5 Buffon, *Histoire Naturelle, générale et particulière*, v.3.

Condillac é um prosador. Mas, nesse caso, a limitação depõe a seu favor. Tomando sem rodeios um lugar-comum literário, um tropo retórico, ele permite que um leitor como Grimm perceba algo importante. "O primeiro movimento da estátua de Buffon", observa Grimm, "é estender a mão para agarrar o Sol". E acrescenta: "Que ideia! Que poesia! Os filósofos em suas conjecturas, como os poetas em suas imitações, consultam sempre o mesmo oráculo, a natureza".[6] Pode ser que sim. Mas não se trata justamente de *imaginar* a natureza? Condillac adverte, o que é essa palavra, natureza, senão o próprio corpo, ou a conformação específica dos órgãos da sensação, tal como dada em nossa espécie? Uma estátua que ganha vida é uma ideia poética, que, a princípio, não tem sentido para o entendimento, que vê tudo em termos de verdadeiro e falso. O filósofo-poeta, não: imagina o possível e pede que o aceitemos como necessário.

A tese central do *Tratado*, cujo objetivo é combater o "preconceito" quanto à existência das ideias inatas, é que a aquisição, pela estátua, da ideia da existência de coisas exteriores depende do sentido do tato — aliado à sensação do movimento, acrescentará Condillac na segunda edição, publicada postumamente em 1798. O tato é o único sentido que dá a "impressão de objetos externos". Essa hipótese não é "demonstrada" por Condillac, mas tem um valor duplo: é provável, embora não certa, e é coerente com os pressupostos da análise do autor. A teoria de Condillac dispensa a referência a um mundo exterior. Contenta-se em aludir a ele, para que os signos possam soletrar as sensações e enunciar um sentido construído a partir delas. Grimm desenvolve esse ponto com uma afirmação que remete à *Carta sobre os cegos*, de Diderot: "tudo o que é verdade em relação a nós é condicionado por nossos órgãos e relativo

---

6 Grimm, *Correspondance littéraire*, p.318.

a eles, e só entramos em acordo a respeito de nossas ideias quando nossos órgãos são os mesmos".⁷ Condillac não chega a essa conclusão; Grimm o leva até ela. O que prova que o *Tratado das sensações* é um desses livros que se desdobram para além de si mesmos.

***

A importância do *Tratado das sensações* para o pensamento de Condillac foi devidamente reconhecida, em tempos mais recentes, por Derrida, no ensaio *Arqueologia do frívolo*, publicado pela primeira vez em 1973.⁸ Derrida tinha a intenção de completá-lo com outro estudo, *O cálculo das línguas*, em alusão ao livro póstumo e inacabado de Condillac, *A língua dos cálculos*. Mas o texto do próprio Derrida também permaneceu inacabado, e, tal como o de Condillac, surgiu postumamente. No primeiro desses ensaios, *Arqueologia do frívolo*, Derrida não esconde que pretende se contrapor a Foucault, corrigi-lo, retirando Condillac da grade epistêmica do "representar" e do "falar" – preso à qual ele seria vítima fácil, como quer Foucault, da filosofia transcendental vindoura – e devolvê-lo ao âmbito do saber clássico, não subserviente a ele, mas questionando-o e o desestabilizando por dentro, para refazê-lo pelo avesso. Derrida mostra que o projeto filosófico de Condillac não é bem o de edificar um novo sistema, melhor ou pior que aqueles que o antecederam. A novidade de sua filosofia consiste em oferecer uma perspectiva sobre a possibilidade de toda filosofia, o que inclui identificar o ponto preciso em que a metafísica se desvia de seus princípios naturais. Os erros dos

---

7 Ibid., p.316.
8 Jacques Derrida, *Archéologie du frivole*.

filósofos não estão em suas afirmações, mas no significado que dão a elas. A obra inteira de Condillac se insurge contra o abuso da linguagem na filosofia, não para denunciar a linguagem, mas para mostrar que os filósofos ainda não entenderam o que ela é, e, tampouco, para o que ela serve. Problema clássico, formulado em termos novos.

Antes de falar e de pensar, o indivíduo humano tem o sentimento de relações com as sensações que recebe pelos órgãos da sua sensibilidade. Esse sentimento, que governa as primeiras analogias, antecede à formação da linguagem e preside a ela. Ao longo do processo, será sistematizado pela imaginação e refletido pelo entendimento, mas permanece no fundo da fisiologia humana, como um som que reverbera constantemente no corpo, um diapasão que dá o tom de todas as operações – sensíveis – do intelecto. A boa metafísica, portanto, consiste na prontidão com que o animal humano encontra as melhores soluções para os problemas que lhe parecem mais urgentes ou mais importantes. Entendemos agora que a "lógica" concebida por Condillac é, como explica Sylvain Auroux,

> Uma teoria das ideias e das operações que o espírito efetua sobre elas. E, como o espírito é ele mesmo o objeto da análise lógica, esta última não tem função normativa *a priori*. Não se trata de estabelecer as leis do pensamento, mas de estudar a arte natural de pensar, que o espírito espontaneamente põe em obra como fato de sua constituição. Em outras palavras, a lógica se torna uma questão de fato, e poderíamos até nos arriscar a dizer que ela é uma disciplina empírica.[9]

---

9 Sylvain Auroux, "Condillac et la vertu des signes", em Condillac, *La Langue des calculs*, p.5.

Incumbe à lógica restaurar uma capacidade pervertida pelo mau uso dos signos. O elogio da metafísica natural implica a crítica das metafísicas glosadas no *Tratado dos sistemas*. Longe de Condillac, no entanto, suspirar por uma era de ouro. É impossível devolver a metafísica ao estado de pureza bruta em que se encontrava antes de ser polida pela fala. Tudo o que ele pode é examinar sua própria língua, refletir sobre o modo como se serve da linguagem, para determinar, a partir de cuidadosa análise, os meios pelos quais as palavras vêm a significar o que elas não são: outras palavras, sinônimos que oferecem já, inevitavelmente, variações. Essa operação aparentemente banal não restitui a boa metafísica; revela, entretanto, a verdade mais profunda que reside no âmago da metafísica como ciência.

Para corrigir o desvio, é preciso, como diz Condillac, "refazer" as línguas, pois nelas estão estratificados os milenares hábitos intelectuais da má metafísica em suas diferentes versões, que desde há muito se sobrepuseram à metafísica originária, natural, das relações. Isso não se faz pelo retorno às línguas ditas primitivas, mas pela referência arqueológica ao que Derrida chama de "extrato (*socle*) pré-linguístico e natural da metafísica":

> Renunciando a conhecer a essência e as causas, detendo-se sobre a experiência das ideias, isto é, sobre os efeitos, a nova metafísica, que "tem como único objeto o espírito humano", articulará em si as duas metafísicas, desta vez não a boa e a má, mas a boa na forma da origem pré-linguística, do "instinto", do "sentimento", e a boa na forma extrema da elaboração linguística, da nova linguagem e da "reflexão".[10]

---

10 Derrida, *Archéologie du frivole*, p.19-20.

Trata-se, assim, de "reproduzir na língua a relação que ela tem como língua ao que precede toda linguagem", de remeter o signo à sua origem primeira, concreta, na sensação, para além da própria linguagem de ação: fazer que a sensação se torne presente novamente enquanto sensação, no signo. A boa metafísica, uma vez reencontrada, terá o feitio de uma pragmática, menos uma ciência que uma arte da ligação ou reconexão entre o discurso que tende à deriva e o instinto reto e certeiro – essa propensão natural inscrita no molde da espécie humana.

Se quiséssemos insistir nos preconceitos do dualismo, diríamos que o instinto opera aí como um *a priori*. Mas esse jeito de falar apenas recoloca um velho problema que, precisamente, está em vias de ser resolvido. Pois, o que faz o instinto, segundo Condillac? Nas palavras de Derrida, "modifica um material", a sensação, "que, em si mesmo, é imodificável".[11] Sua operação é paradoxal: partindo da gama de diferentes sensações, o instinto associa os diferentes sentidos entre si, aproximando-os por analogia, substituindo-os uns aos outros numa operação que pode ser chamada de "metáfora" já num sentido mais amplo que o gramatical ou linguístico.[12] Operações primordiais, que acontecem antes de toda e qualquer linguagem, mas que são, elas mesmas, uma língua, a língua da natureza na espécie humana, ou de sua organização intrínseca. Uma retórica natural, se quisermos, evocando Derrida, desta vez em *O cálculo das línguas*.[13]

Apesar da importância, esse ponto é tomado no *Tratado das sensações* como um pressuposto da reconstrução das faculdades da alma a partir da sensação. Condillac não o expõe em

---

11 Ibid., p.29.
12 Ibid., p.109-10.
13 Derrida, *Le Calcul des langues*, p.61 e ss.

pormenor e tampouco oferece algo como um fundamento fisiológico das representações. É que a busca por tal fundamento está fadada ao fracasso. Como nos informa o *Tratado dos sistemas*, com uma *froidesse* típica desse newtoniano convicto,

> se um físico pudesse analisar dessa maneira qualquer um dos objetos de que se ocupa, por exemplo, o corpo humano, se as observações o conduzissem até a alavanca primordial que põe em movimento todas as outras, permitindo-lhe penetrar o mecanismo de cada uma das partes, então ele poderia fazer um sistema que oferecesse a razão de tudo o que observamos em nós mesmos. Mas, tudo o que distinguimos no corpo humano são as partes mais grosseiras e mais sensíveis; observamos, ainda, que a morte recobre todas as suas operações. As demais partes são tecidos de fibras tão delicadas, tão sutis, que não conseguimos deslindá-las, não compreendemos nem o princípio de sua ação, nem a razão dos efeitos que elas produzem.[14]

Esse texto de 1752 estabelece, com efeito, um axioma da filosofia de Condillac, na qual o corpo é uma ideia que assinala um limite, que mesmo a análise mais minuciosa não poderia transpor. Limite intrínseco à experiência, para além do qual não existe um suprassensível, uma realidade que nos escapa. É a nossa própria condição de apreensão disso que chamamos de "realidade" – os órgãos sensoriais, o sistema nervoso – que impõe a nós uma limitação. A fisiologia é uma ciência tautológica: falar sobre o corpo e tratá-lo como sistema é pressupor coisas que não se podem conhecer. Não é uma ciência fundante, como quis Malebranche, que com segurança vinculou as operações intelectuais a processos físicos, garantindo,

---

14 Condillac, *Tratado dos sistemas*, cap.12: "Das hipóteses".

assim, os direitos de existência da alma como entidade à parte.[15] É uma ciência elaborada a partir de hipóteses, que a análise irá autorizar, desmentir, exigir que se refaçam. Reconhecer essa limitação não é o mesmo que declarar que há uma esfera da experiência que não é regida pelas mesmas leis que outras, ao contrário, a operação universal dessas leis é pressuposta, e sua probabilidade é confirmada a cada passo que a ciência dá. Mas, com isso, não nos aproximamos mais de determinar a ideia de corpo como totalidade.

Condillac propõe uma conjectura acerca da produção neurológica do pensamento, mas, em se tratando da produção das ideias enquanto tal, prefere a via da alusão. Derrida percebe o que está em jogo, e destaca, a propósito, uma circunstância textual curiosa. Condillac dá o nome de "germe" ao "elemento simples" a partir do qual crescerão, por "geração", cada uma das operações do "espírito" (que os ingleses traduzem por *mind*). Na ausência de uma exposição da anatomia e da fisiologia da espécie, o respaldo fisiológico da filosofia é puramente metafórico, e o trânsito entre essas disciplinas ocorre à revelia de algo como uma ontologia da experiência e a contrapelo da tentativa de instituição de um materialismo. Essa opção se justifica: é que, como explica a *Língua dos cálculos*, se "toda língua é um método analítico, e todo método analítico é uma

---

15 Em um curso dedicado à "união entre a alma e o corpo", Merleau-Ponty salta de Malebranche a Maine de Biran – omitindo de sua história precisamente o capítulo que nos interessa, e que a tornaria mais acidentada, e, por isso mesmo, mais interessante. Ver Maurice Merleau-Ponty, *A união da alma e do corpo*. Escusado acrescentar que Derrida e Foucault têm em vista, precisamente, uma omissão como essa: lavrada por autoridade filosófica, consagrada em emissão pública no Collège de France. Graças a eles, essas circunstâncias se tornaram secundárias para uma análise como a aqui empreendida.

língua", segue-se que os diferentes métodos aos quais se dá o nome de ciência nada mais são que "línguas bem-feitas".[16] Portanto, apelar à fisiologia não é buscar nela por um fundamento, muito menos por um subterfúgio de quem não sabe ao certo o que diz, mas, ao contrário, revela a consciência refletida de que todo conhecimento é produzido e expandido por meio da analogia no uso dos signos. Derrida afirma:

> Essa metáfora biológica, vitalista ou organicista é recorrente em Condillac. O preâmbulo da *Arte de pensar* afirma: "O germe dessa arte está em nossas sensações". O desenvolvimento dessa frase é a descrição analógica do desenvolvimento do pensamento, processo que se assemelha ao desenvolvimento de um animal.[17]

O símile pode surpreender, mas se justifica. A metáfora fisiológica aponta para o que está além da própria filosofia, ou para o que excede a sua capacidade de explicação analítica, a saber, um suposto vínculo primordial entre a organização vivente, em suas diversas especificações e variedades, e as formas de metafísica natural que daí decorrem, a partir de lógicas de representação que apenas parcialmente se estendem de uma espécie de ser vivo a outra.

Portanto, quando os espiritualistas se queixam "de ter buscado em vão pelo significado deste enigma, *sensação transformada*", e de que "a decomposição da faculdade de pensar é assimilada, na *Lógica*, à decomposição de uma equação", concluindo que para Condillac "tudo se resume à linguagem e às suas transformações", perdem de vista o mais importante,

---

16 Condillac, "A língua dos cálculos", em *Lógica e outros escritos*.
17 Derrida, *Archéologie du frivole*, p.31.

traindo as origens cartesianas de suas considerações.¹⁸ No projeto de Condillac, de reconstituição da metafísica, desenha-se um círculo em que a sensação é dada como signo, que, como variação desse dado primeiro, só tem valor enquanto sensação. O signo relaciona antes de objetivar. A origem *lógica* desse modo de relação é o tato, que Condillac descreve, no *Tratado das sensações*, como sentido interno, verdadeiro "tato íntimo", origem última da sensibilidade da máquina orgânica – e que o século terminará por associar à ideia de uma sensibilidade ou sistema nervoso.¹⁹

O primeiro a perceber o alcance dessas considerações foi Destutt de Tracy, que, resenhando a edição das *Obras completas* de Condillac surgida em 1798, elogia os editores por terem incluído a segunda versão do *Tratado das sensações*, alterada por Condillac, na qual a sensação tátil adquire o estatuto de experiência fundante, comum a todo ser vivo.

> No *Tratado das sensações*, essa obra imortal, Condillac parte da mesma verdade fundamental que no Ensaio, qual seja, "que todas as nossas ideias vêm de nossas sensações". Mas acrescenta, logo em seguida, essa outra, não menos importante: "como uma simples sensação não é mais que uma modificação interna de nosso ser, não existe nada em tal percepção que nos ensine a referi-la a algo que esteja fora de nós". É preciso, portanto, descobrir como chegamos a isso. Condillac examina nossos sentidos, um após o outro, e decide que não há nada, nos quatro primeiros, que possa nos conduzir a tal descoberta, e declara que se, o quinto, o tato, nos instrui

---

18 Ibid., p.43. Ele tem em mente Maine de Biran.
19 A expressão *tactus intimus* foi cunhada por Cícero nas *Acadêmicas*; ver Jean Starobinski, "Médecins et philosophes à l'écoute du corps", em *Le Corps et ses raisons*, p.66-8.

a emitir esse juízo, é com o acréscimo do movimento, que dá a sensação de resistência.[20]

Esse comentário preciso aponta para um dos elos que dão coesão sistemática à reflexão de Condillac sobre a linguagem. Se Condillac tivesse se restringido ao tato, sem o movimento, ou com uma versão estática, e não dinâmica, da sensação física – que repousa sobre um ponto sem se deslocar –, não haveria continuidade natural entre a cena inaugural da experiência e a origem da linguagem. A associação do movimento ao tato mostra a existência do princípio não expressivo que subjaz à linguagem de ação, um movimento que por si mesmo nada diz ou permite que algo possa ser dito.

Mas como é possível chegar a esse "nós", ou a esse "dentro", em relação ao qual "algo" existe "fora"? A resposta de Condillac é simples: a estátua começa a se conhecer como unidade, a se pensar como "eu" e a se representar como sujeito, quando as mãos, que são parte dela, percorrem sua própria superfície, "ao longo de seus braços, e, sem interrupção, passam ao tórax, à cabeça etc., sentindo sob os dedos, por assim dizer, algo como uma continuidade de si mesmo".[21] Entre a continuidade e a extensão da superfície sólida do corpo e a ideia de um eu, existe uma transição metafórica, assinalada, nessa passagem do texto, pela cláusula "por assim dizer", que Condillac emprega sempre com um valor lógico bem determinado. Destutt de Tracy acrescenta a ela, de punho próprio, a seguinte consideração: "Só aprendemos que um corpo existe porque ele põe obstáculo a nossos movimentos e nos dá uma sensação de resistência",

---

20 Destutt de Tracy, "Sur Quelques Questions d'idéologie", em *Essais philosophiques*, p.177-8.
21 Citado por ibid., p.179.

enunciado que, em sua opinião, "desenvolve, não contraria, o que Condillac disse".[22] O que é correto, se considerarmos que as mãos que percorrem a superfície do corpo do qual elas são parte sentem a superfície como resistência, como obstáculo, por suave que seja, ao seu próprio movimento. O mesmo ato que engendra o princípio da ideia de "eu" dá origem ao princípio da ideia de um "outro", sujeito e objeto nascem a partir de uma germinação comum. Como explica Monzani,

> O *Tratado das sensações* toma uma posição radical: não só todos os conteúdos do entendimento podem e devem ser explicados a partir da sensação, como também as próprias operações desse entendimento devem ser geneticamente explicadas a partir dessa mesma sensação. O conceito de "sensação transformada" adquire agora significado pleno. Tanto os conteúdos do conhecimento quanto as operações pelas quais chegamos a ele serão frutos de uma elaboração, de um fazer. Passamos da ideia de dados originais para a ideia de construção simultânea do mundo objetivo do conhecimento e do próprio sujeito que conhece. O *Tratado* é, num certo sentido, a longa montagem de dois conceitos capitais [da filosofia moderna]: o de objeto e o de sujeito.[23]

A partir do tato, sujeito e objeto surgem e se estruturam: não existe precedência entre eles, que são ambos, igualmente, o produto de um mesmo ato decorrente da sensação. Comentando esse ponto, Markovits afirma que o *Tratado das sensações* promove o "estilhaçamento" do eu, a partir do reverso da ideia de uma consciência originária, de uma apercepção

---

22 Ibid., p.179. Ver, nesse sentido, Daniel Heller-Roazen, *The Inner Touch: Archeology of a Sensation*, cap.21.
23 Luiz Roberto Monzani, *Desejo e prazer na idade moderna*, p.176.

transcendental que unificaria as representações em uma consciência.²⁴ Ao contrário, as representações convergem no corpo, a partir dos sentidos, para formar a ideia de uma unidade pelas sensações do tato em movimento. Em sua gênese originária, a ideia do eu inclui, portanto, as sensações de sujeito e objeto: sujeito, do lado da mão que se desloca, objeto, da superfície que ela percorre. Uma vez formada a ideia do eu, as sensações a que ela dá origem poderão ser objetivadas, sujeito referindo-se ao eu, objeto a tudo o que se encontra para além dos limites de sua sensibilidade.²⁵ Da mesma maneira, o mecanismo da geração de ideias levará, posteriormente, à cisão interna entre o corpo e o seu duplo, a alma, nome que se dá ao princípio intelectual – também ele dependente da sensação. A metafísica é, nessa medida, uma ciência da figuração metafórica da sensação que se desdobra para além de si mesma.

Pode ser útil comparar essa operação à maneira como D'Alembert, outro filósofo "empirista", retraça a gênese da ideia de corpo. Nos *Elementos de filosofia*, a ideia de corpo é obtida a partir de um processo de abstração que começa pelo sentido da visão – que, se quisermos, toca os objetos, porém de longe. Parafraseando: vejo um carvalho, tenho uma ideia particular; vejo um pinheiro, e, colocando essa ideia particular ao lado da anterior, formo uma ideia geral de árvore; em seguida, "comparo a árvore a algum outro corpo, como o mármore, e formo a ideia de *corpo*".²⁶ Em sentido vago, D'Alembert é tão "empirista" quanto Condillac, mas, enquanto este último aposta suas fichas na

---

24 Francine Markovits, *La Statue de Condillac: les cinq sens en quête de moi*, p.20-1.
25 Ibid., p.17.
26 Citado e comentado por Sylvain Auroux, *La Sémiotique des encyclopédistes*, p.118-21.

sensação do tato como origem de todas as ideias, o primeiro se assegura de partir da visão – que é, como alertara Diderot na *Carta sobre os cegos*, o sentido que leva diretamente à abstração, escamoteando a materialidade ou a concretude originária de toda sensação. Pois, na abstração de D'Alembert, tudo é, desde o início, abstrato: a ideia do corpo não é táctil, mas visual, a concepção dela é geométrica, não fisiológica – como se o olho estivesse ligado a um espírito independente do corpo daquele que observa "os corpos".

Em Condillac, ao contrário, não apenas tudo se passa no plano da sensibilidade nervosa, como, ainda, existe um móbile que impele a sensação para além de si mesma, levando-a a significar aquilo que é sentido a partir de analogias com outras sensações. Os comentadores costumam compreender esse processo como motivado pela necessidade, ou carência (*besoin*),[27] sentimento que o ser vivo experimenta em si a partir de determinações de sua espécie: uma vez posto o sentimento da falta, o corpo busca pelo seu preenchimento. Teríamos, assim, a reiteração do velho esquema da inquietude, ou, para falarmos com Locke, da *uneasiness*: o prazer se resumiria à supressão de uma dor pela satisfação da carência que a ocasionava.[28] Mas, como mostra Monzani, há algo mais em jogo.

> Sem necessidade [ou carência] não há experiência no sentido positivo do termo. Mas, sem a ação do princípio do prazer ou da dor, não se pode conceber a ideia de necessidade. Assim, o solo originário e constitutivo da própria experiência é esse princípio fundamental, que está na base, o que denominamos o princípio do prazer,

---

27 Ver Leon Kossovitch, *Condillac lúcido e translúcido*.
28 Condillac, *Ensaio sobre a origem dos conhecimentos humanos*, Lv.II, cap.20; ver Monzani, *Desejo e prazer na idade moderna*, cap.I: "Inquietude".

respeitadas certas reservas. [...] Com Condillac, o pressuposto central da filosofia clássica vem abaixo. Deixa-se definitivamente de pensar na preexistência de um bem objetivo do qual o sujeito deve acercar-se, e abandona-se também a tese correlata do primado do representacional sobre o volitivo. A partir do *Tratado das sensações*, com uma clareza talvez nunca atingida anteriormente, todo o domínio da vida espiritual (tanto no plano do entendimento como no da vontade) está subordinado a isso que denominamos princípio do prazer. É porque causa prazer que o objeto é apetecível. E é por essa razão que ele será valorizado e se tornará digno de inspeção teórica, de conhecimento. [...] O teórico é derivado do prático.[29]

Se concedermos a esta última sentença todo o peso que Monzani lhe dá, teremos de aceitar que, no *Tratado das sensações*, e, por conseguinte, no pensamento de Condillac como um todo, existe um primado da atividade em relação não somente à passividade como também à contemplação. Ao contrário do que a fábula da estátua poderia dar a entender, a cena inicial da experiência tem de ser representada a partir da sensação que a estátua tem de se livrar do incômodo sentido por uma carência qualquer colocando-se, assim, em posição de desfrutar de um prazer que responda à potencialidade sensível inscrita em seus sentidos – isoladamente, em cada um deles, mas, principalmente, quando em relação. A ideia do prazer como movimento: é disso que se trata, no gesto da estátua que se apalpa e com isso começa a objetivar uma experiência, um sujeito, uma natureza, um mundo.[30]

---

29 Monzani, *Desejo e prazer na idade moderna*, p.210-1.
30 As origens dessa ideia estão no epicurismo antigo, que propõe uma teoria da *voluptas in motu*, a ser preferida à *voluptas in stabilitate*. Ver

Quando Monzani escreveu essas palavras, Derrida não publicara *O cálculo das línguas*. Por vias independentes, os dois filósofos concordam que, no *Tratado das sensações*, o princípio do prazer subjaz ao uso do entendimento e da vontade.[31] Essa interpretação é legitimada por uma passagem do *Tratado das sensações* citada por Monzani e por Derrida.

"A estátua não se limita a amar a si mesma; mas seu amor pelos corpos é um efeito do que ela tem por si mesma, e, quando os ama, seu único objetivo é a busca pelo prazer ou a fuga da dor, é isso que a ensina a se conduzir no espaço que ela começa a descobrir."[32] O prazer táctil desponta como regra de esquematização do espaço da sensação, diferenciado qualitativamente a partir do seu rastreamento pelo desejo. Mas a condição do gozo do outro é a relação para consigo mesmo, instituída a partir da sensação, que dá a ideia do corpo como unidade subjetiva por diferença a um objeto fora dele. A inspeção dos objetos visa de início apenas à orientação, ao aprendizado do que é prazeroso ou nocivo, à busca pelo primeiro, à recusa do segundo.[33]

A economia do prazer sensível repousa sobre essa outra, a economia animal. O próprio Condillac parece ter utilizado esse termo uma única vez em toda a sua obra, no *Tratado dos animais* (I, cap. 3), em nota, referindo-se ao seu uso por Quesnay.

    Cícero, *De finibus*, II, 15-16, p.298, e, nessa mesma página, a nota 78 do tradutor.

31 Ver Derrida, *Le Calcul des langues*, col.2, p.63-8.

32 Condillac, *Tratado das sensações*, p.130.

33 Encontra-se aí um possível vínculo entre a teoria de Freud e a de Condillac; ver a respeito Carlota Ibertis, "Acerca da sensitividade tátil na teoria freudiana", *Discurso*, v.49, n.1, p.79-90, 2019. O ponto escapa a Foucault, mas é notado, embora em outros termos, por Derrida, apenas em *O cálculo das línguas*.

Mas o contexto em que o faz é significativo e mostra que ele entende por essa ideia um sistema em que os órgãos da sensibilidade interna (os nervos) têm como correlato, por um lado, os órgãos externos da sensação, e, por outro, o sistema nervoso central (como sede do "sentimento", ou "alma"). Essa concepção, bastante geral, não é detalhada pelo autor em parte alguma, e Condillac se contenta, pelas razões referidas, em aludir a ela. Com efeito – e agora daremos a palavra a Jean Mosconi –, "o conjunto das necessidades ou carências é uma consequência da organização, e, portanto, é uma característica biológica de uma espécie animal dada – eventualmente, da espécie humana".[34] Em apoio a essa afirmação, ele cita uma importante passagem da conclusão do *Tratado dos animais*.

> Embora o sistema das faculdades do homem seja sem comparação o mais extenso de todos, ele é parte, no entanto, do sistema geral que abarca todos os seres animados [...]. Nada mais admirável que a geração das faculdades animais. Suas leis são simples, gerais; são as mesmas para todas as espécies, e produzem tantos sistemas diferentes quantas variadas forem as organizações. Se o número ou a forma dos órgãos não é a mesma, as necessidades variam, e cada uma delas ocasiona, no corpo e na alma, operações particulares. Por isso, cada espécie tem, além das faculdades e hábitos comuns a todas, hábitos e faculdades que lhes são exclusivos.[35]

Acrescentemos: e tem, portanto, ideias exclusivas, em meio a outras, que compartilha com espécies de conformação

---

[34] Jean Mosconi, "Analyse et genèse. Regards sur la théorie du devenir de l'entendement au XVIIIᵉ siècle", *Cahiers pour l'Analyse*, n.4, p.69, set.-out. 1966.

[35] Ibid., p.69.

orgânica similar. O enraizamento fisiológico, na ideia de espécie, nos permite agora compreender a confusão sobre a qual repousa toda a metafísica dualista. É que a razão, vista como por princípio independente da experiência, ligada a Deus, não é, de fato, uma aquisição, mas uma dotação, da qual, diria Condillac, os outros animais estariam amplamente privados. Ora, mas a própria palavra "espécie" não é mais que um operador lógico, uma ideia geral, o que confirma a suspeita de que o fundamento fisiológico da representação é, no fundo, ele mesmo, também um signo, colhido pelas sensações.[36] Encerra-se o círculo metafísico que leva Condillac do uso dos signos à análise de sua origem na sensação e o devolve àqueles. A fisiologia é uma metáfora do corpo que ela, no entanto, pressupõe como dado a ser investigado. E, uma vez realizada a investigação, a presença desse dado se torna irrecusável, confirmando o direito da fisiologia a afirmar-se como ciência. Pautados pelo fio da analogia, que os remete à sensação-limite do tato, os signos encontram a desejada retidão.

***

Como dissemos, a leitura de Condillac por Derrida não se encerra na *Arqueologia do frívolo*. Desdobra-se em *O cálculo das línguas*, livro precioso que, retomando algumas passagens do anterior, demonstra a natureza essencialmente retórica do discurso de Condillac – no qual a própria ideia de fundamento é subvertida, em prol da equiparação entre os termos a serem postos em relação (a ideia do corpo, a ideia da fisiologia como ciência que estuda o corpo). À diferença da *Arqueologia*, esse ensaio se

---

36 Ver Condillac, *Lógica e outros escritos*, p.37ss.

detém em uma passagem do *Tratado das sensações* em que o tato figura, na sua forma mais elementar, como respiração.

> Nossa estátua, privada do olfato, da audição, do paladar e da visão, limitada ao sentido do tato, existe de início a partir do sentimento que tem da atuação das partes de seu corpo umas sobre as outras, e, principalmente, dos movimentos da respiração. Esse é o menor grau de sentimento a que poderíamos reduzi-la. Darei a ele o nome de *sentimento fundamental*, pois a vida animal tem começo com essa operação da máquina, e dela depende, exclusivamente.[37]

Derrida comenta:

> Em uma espécie de cena puramente interna, a vida da estátua se refere a ela mesma sem nenhuma abertura para o mundo exterior. Sua sensibilidade é puramente doméstica, limitada às ações das partes de seu corpo, umas sobre as outras. A respiração tem um papel privilegiado nesse sentimento fundamental, sem dúvida porque o contato, a ação, a divisão em partes, são reduzidos ao mínimo, e o elemento pneumático da vida parece estar ao abrigo de toda diferença.[38]

Ocorre, no entanto, que essa "sensibilidade" doméstica depende de um equilíbrio físico, entre a parte interna da estátua, que ela sente, e o ar à sua volta, que ela sente, mas unicamente no ato da respiração, e, portanto, como sua própria ação, como signo de sua atividade, mas não como algo dado, como uma realidade exterior a ela. O equilíbrio está lá, e é, efetivamente, a condição física da tranquila plenitude experimentada

---

37 Id., *Tratado das sensações*, parte II, cap.I, p.117.
38 Derrida, *Le Calcul des langues*, col.2, p.81-2.

por esse ser fictício, essa "máquina" (orgânica) que é, por ora, o simples suporte da "vida animal". É o suficiente, contudo, para que a estátua, que se sente viva, "conheça sua existência", e, isto é importante, "por meio de uma impressão confusa, que resulta do movimento a que ela deve a sua vida".[39] No espaço neutro do mundo físico projetado pelas leis de Newton, não existe "dentro" ou "fora", as leis se aplicam indiferentemente a todas as partes das máquinas, sejam elas orgânicas (os corpos e as partes de que são compostos) ou agregados mecânicos (as relações entre esses corpos e entre as suas partes). Daí, inclusive, a sugestão, na passagem citada, de que cada órgão tem seu movimento próprio, sua vida, sua sensibilidade própria – ideia que viceja na fisiologia da época (Bordeu), e que Condillac pode tratar, no registro conjectural de suas considerações, de maneira alusiva.

Tentado a retroceder, e devolver Condillac à trama do cartesianismo da qual o retirara – como se a estátua tivesse uma unidade prévia à sensação, garantida por um substrato espiritual, diferenciando-se da substância extensa e opondo-se aos objetos externos –, Derrida pode contar com seus leitores póstumos para completar seu livro, tornando-o, talvez contra a sua vontade, mais uma peça na coerente e vigorosa interpretação que ele mesmo oferece da filosofia da sensação. Pois, afinal, a analogia exige de nós que respeitemos esta circunstância: uma estátua viva nada mais é que a figuração da difícil ideia do corpo.

***

Outra versão da mesma ideia poética de Condillac: a estátua de Falconet mencionada por Diderot em *O sonho de D'Alembert*:

---

39 Condillac, *Tratado das sensações*, parte II, cap.2, §1º, p.118.

esmigalhada, misturada à terra e ao humo, absorvida pelos vegetais que crescem no solo fértil, consumida por um filósofo que os colhe num futuro distante. O mármore, portador de uma sensibilidade "inerte", as fibras do filósofo, dotadas de uma sensibilidade "ativa". Por toda parte no mundo, uma só e mesma matéria. Nessa história muito bem contada, não há o que demonstrar; bastam hipóteses verossímeis, que o autor se encarregará de tornar prováveis. Na conclusão do diálogo, a filósofa Julie de Lespinasse, incitada por Bordeu, mostra-se propensa a deixar de lado seu pendor cético e converter-se a esse materialismo fabuloso, no qual a volúpia surge como ideia positiva, que *põe* no tempo a ordem da natureza. No Século das Luzes, estátuas minerais alimentam a imaginação filosófica.

8.
O sublime retórico

A exemplo de outros filósofos de sua geração, como Condillac e Rousseau, ou de literatos um pouco mais velhos, como Voltaire,[1] Hume inquietou-se com o declínio da oratória na Europa moderna, indagando-se sobre as razões de seu quase total desparecimento.

No ensaio "Da eloquência", publicado em 1741, ele escreve: "Nos tempos antigos, considerava-se que nenhuma obra de gênio requeria dotes e capacidades tão grandes quanto falar em público, e escritores eminentes declararam que até os talentos de um grande poeta ou filósofo seriam de natureza inferior aos requeridos para tal façanha".[2] Alude, assim, a uma tópica da literatura antiga que andava em voga entre os modernos: a vinculação entre o florescimento da oratória e a forma de governo republicana ou democrática. Como observa Hume, ela é adotada por Shaftesbury e Addison, entre outros, que recuperam Tácito, no *Diálogo dos oradores*,[3] e Longino, no tratado

---

1 Voltaire na *Enciclopédia*, v.5 da edição brasileira.
2 David Hume, "Da eloquência", em *A arte de escrever ensaio*, p.71.
3 Tácito, *Diálogo dos oradores*.

Do sublime.⁴ Ambos viveram sob a autoridade dos imperadores romanos e contemplaram à distância, com uma pitada de saudosismo, os tempos em que o talento prosperava de mãos dadas com a liberdade política.

À época do ensaio em questão, Hume mal contava 30 anos, e era, à sua maneira, um cético aguerrido, não somente em matéria filosófica, mas também histórica. Sem contestar a vinculação apontada por Tácito e por Longino, autores que, de resto, ele tinha em altíssima conta, restringe-se a apontar uma exceção moderna à regra antiga. "De todas as nações polidas e letradas, só a Inglaterra tem um governo popular ou admite em sua legislatura assembleias numerosas o bastante para que, assim se supõe, possam ser submetidas ao domínio da eloquência. Mas o que tem a Inglaterra para ostentar nessa matéria?"⁵ Com efeito, nada, a nos fiarmos em Hume, que, não somente no ensaio, mas também em sua correspondência, não se cansa de depreciar a baixa qualidade da eloquência parlamentar britânica. Da Antiguidade à Modernidade, mudaram os tempos, a natureza humana permaneceu a mesma, mas os governos são outros. O que valia como regra geral para Tácito e Longino deixou de sê-lo para os analistas políticos da Europa do século XVIII, atentos a novas circunstâncias. Seria absurdo esperar por uma oratória tal como a antiga, num mundo alheio às condições em que ela reluziu.

Tendo partido de um lugar-comum, Hume não hesita em multiplicar a alusão a outros tantos, ao longo desse pequeno, mas caudaloso ensaio. Na passagem citada, ele fala em assembleias "submetidas ao domínio da eloquência". Essa submissão é instaurada pela força da palavra, tal como dada na elocução,

---

4 Longino, *Do sublime*.
5 Hume, "Da eloquência", op. cit., p.72.

registro supremo da linguagem verbal, governado por uma arte dificílima: a oratória. Um pouco mais à frente, o ensaísta acrescenta: "quão absurdo não pareceria, em nossos oradores calmos e comedidos, o uso de uma figura como a nobre apóstrofe empregada por Demóstenes" para justificar "a malograda batalha de Queroneia?"[6] As figuras são investidas de energia, quando enunciadas com a veemência requerida pelo tema da oração. "Quem suportaria", prossegue Hume, em pleno modo retórico, "uma figura tão forte e tão poética como a empregada por Cícero para descrever, nos termos mais trágicos, a crucificação de um cidadão romano?"[7] O sentido figurativo do verbo "suportar" (*to support*) é utilizado numa acepção tal que comporta o significado literal de: aguentar uma carga, um peso, com a resistência do próprio corpo, mas com força suficiente para atirá-la ou lançá-la, para a frente ou acima – no caso, jogá-la para uma assembleia atônita.

No momento da peroração, o orador é puro movimento e ação: à diferença da filosofia, a retórica é uma arte da corporificação, a veemência é pensamento consumado na fisiologia do orador.[8] Chegamos, assim, a outro lugar-comum que nos interessa, cuja fonte é Cícero.[9] Nessa passagem, a discussão das figuras de linguagem (*tropos*) remete à das figuras de pensamento (*askhmata*), ou à capacidade, própria dos grandes oradores, de esquematizar suas ideias: "para Antônio, todas as ideias vinham em mente, cada qual em seu lugar e onde pudessem produzir mais efeito e ter mais valor".[10] "Não só

---

6 Ibid., p.73.
7 Ibid., p.73-4.
8 Ver, sobre esse ponto, Thomas Habinek, "Introdução", em *Ancient Rhetoric from Aristotle to Philostratus*.
9 Cícero, *Brutus*, cap.37-9.
10 Ibid., cap.37.

essas qualidades havia em Antônio, mas ainda uma ação singular; se esta deve ser dividida em gesto e voz, o gesto lhe era não o que exprime as palavras, mas o que concorda com o pensamento".[11] Da concepção à expressão, passando pela enunciação, o orador se faz unidade, arrematada por uma "gravidade soberana" que é temperada por qualidades relativas à composição, mas que também se referem às exigências do trato social: "urbanidade", "graça", "elegância" e "ausência de afetação".[12] O treino do orador, observa Cícero, inclui os exercícios físicos, para que o corpo adquira uma força e uma agilidade necessários para *suportar* o peso das figuras. Hume não espera que os parlamentares britânicos cultivem o corpo com exercícios atléticos. Esses homens não são recrutados para o serviço militar. As duas funções, outrora conjugadas, foram separadas, oferecendo inclusive um exemplo da divisão do trabalho que será comentada por seu amigo Smith no livro 5 de *A riqueza das nações*.

Para além desse pequeno diagnóstico de época, há algo mais interessante em questão: uma tese filosófica. Que poderíamos resumir nos seguintes termos (pautando-nos pela seção I.4.6 do *Tratado da natureza humana*, dedicada à ideia de identidade pessoal):[13] a ideia de identidade pessoal, ou "eu" (*self*), é uma ficção que a imaginação produz, compondo, à revelia das impressões dos sentidos, totalidades empíricas – ditas "organismos" – que, no entanto, teriam de ser consideradas, a partir do caráter atomizado das percepções, como "agregados", ou sistemas contingentes e variáveis ao sabor da experiência. Um indivíduo que pertença à espécie de animal

---

11   Ibid., cap.38.
12   Ibid., cap.38, p.142.
13   David Hume, *Tratado da natureza humana*.

dita "humana" nada mais é que uma sucessão de impressões desconexas que a memória liga umas às outras, compondo, com isso, a ideia de um todo único e coerente. Perfeitamente válida no uso comum da língua, a partícula "eu" recobre uma gama de questões metafísicas. Talvez a mais importante seja a atribuição de uma "subjetividade" a esse "eu", que, no entanto, como se diz mais adiante no *Tratado*, é, na verdade, ele mesmo "o objeto das paixões", não um sujeito autônomo "afetado" por elas (II.1.1; III.1.1-2).

Hume desloca a ideia da unidade do eu da metafísica para a pragmática, ou, se quisermos, da psicologia racional para a "arte da composição" – termo que ele, entretanto, não utiliza. Se o empregamos aqui, é porque permite inscrever a arte oratória, tão louvada pelos antigos, no gênero de composição privilegiado pelos modernos, a arte de escrever. O orador, como vimos, se faz corpo diante de uma plateia que acompanha a sua ação, torna-se unidade provisória, que, com suas performances memoráveis, adquire aos poucos uma identidade – que depois será consagrada com a publicação da versão revista e editada de sua peroração (ela mesma resultado de uma preparação escrita prévia). Hume faz questão de dizer: todos acudiam a Atenas para ver Demóstenes e a Roma para acompanhar Cícero, o caráter desses indivíduos era o efeito das suas realizações artísticas. Em nossos dias, ele acrescenta, ninguém pensaria em perder a hora do almoço com as tediosas intervenções realizadas diariamente pelos oradores na Casa dos Comuns, em Londres.

É preciso ler outros ensaios, como "Da simplicidade na arte de escrever" ou "Da tragédia" para se dar conta de que o talento moderno tem outros usos. Todos admiram Molière e Racine, Addison e Pope, mestres de uma arte especial: "A arte de escrever com finura consiste, de acordo com o sr. Addison, em sentimentos que são naturais sem ser óbvios. Não pode haver definição mais justa e mais concisa dessa arte".[14] Quem quisesse substituir a discrição da voz que se exprime na escrita pelo estrondo da antiga oratória cometeria uma gafe que beira o grotesco. Portanto, embora toda arte ligada ao discurso se apoie, em algum momento, sobre a palavra escrita, a versão moderna é diferente da antiga, pois começa com a preparação, passa pelo acabamento e chega à voz apenas quando atingiu sua perfeição.

Mudou a relação entre o corpo, a enunciação e a voz. O lugar da ação deslocou-se para o ato de escrever, complementado pelo da leitura (para Hume, na falta da ocasião propriamente dita, que permite ler em voz alta, tem-se um soletrar das palavras pela imaginação).[15] O orador forte e ágil, que espera pelo efeito retumbante imediato de suas palavras, dá lugar ao escritor fino e preciso, que sabe esperar pelos efeitos silenciosos, mas não menos profundos, da sua arte.

Mas estaríamos enganados se pensássemos que Hume abandona sem mais a velha arte oratória. Se renuncia ao gênero, é com o intuito de recuperar e remodelar a doutrina subjacente, a nobre arte retórica, tornando atuais os seus preceitos. Na citada definição, a partir de Addison, a escrita deve ser "justa e concisa", critérios ciceronianos que se aplicam às figuras de pensamento, bem como às de linguagem, sem esquecermos a ação.

***

---

14 Id., "Da simplicidade e do refinamento na arte de escrever", em *A arte de escrever ensaio*, p.157.
15 Ver id., *Tratado da natureza humana*, Lv.III, seção I.

A ideia de uma diferença intrínseca entre a arte oratória e a arte da escrita, em relação ao corpo, é uma tópica, herdada de Longino, que a desenvolve na célebre seção X, 1-2, em que cita um poema de Safo ("Parece-me igual aos deuses aquele que diante de ti se senta...").[16] Qual o interesse de Longino por essa passagem?

Como explica Jackie Pigeaud em sua lúcida introdução,

> O concurso das paixões, Safo traz para um mesmo lugar, que não é mais o seu corpo, mas o corpo constituído do poema. Safo é capaz de fazer uma composição por eleição a partir de si mesma. Ela escolhe em si mesma seus próprios sentimentos, e os isola. O sublime está aí, na capacidade de se desprender de si e de constituir um outro corpo [...], de reduzir o número à unidade, articulando-o em um corpo vivo.[17]

Reencontramos no poema de Safo uma unidade similar àquela que Hume banira das percepções e reintroduzira nos livros subsequentes, nos quais as paixões são referidas a um "eu". Fica claro, agora, que essa unidade não é causa, mas efeito, que resulta da atuação das paixões sobre os mesmos órgãos sensíveis que abalam a pessoa de Safo, a mesma que os controla no poema, no qual ela poderá, eventualmente, contemplar-se a si mesma com toda a tranquilidade: como uma unidade orgânica.

Hume tem algo a dizer a esse respeito. Em sua autobiografia, *Minha própria vida*, escrita à beira da morte, ele reconhece que a "paixão governante" de sua existência foi a "fama literária", enumerando, em seguida, os fracassos e os êxitos de sua

---

16 Longino, *Do sublime*, p.60.
17 Jackie Pigeaud, "Introdução", em Longino, *Do sublime*, p.24.

carreira como escritor.¹⁸ Hume redigiu essa peça com a intenção de afixá-la à edição póstuma de seus escritos, logo na abertura, para que o leitor pudesse de saída identificá-lo, saber quem foi essa "pessoa". Não um "eu" abstrato, mas um corpo, feito de músculos, nervos e ossos, que padeceu de uma paixão preponderante, e que, buscando satisfazê-la, tomou as medidas cabíveis para reverter a sua força em prol da construção de uma identidade pessoal.

Sob esse aspecto, a escrita não é muito diferente da oratória. Ambas, no fundo, são "sublimes", no sentido de Longino, na medida em que propõem uma ideia de corpo que só tem sentido a partir de algo (uma "identidade pessoal") que ela permite pensar retroativamente, como efeito sensível de uma arte determinada. É porque as peças de Hume ou de Safo realizam o propósito de criar a ideia de um todo orgânico coerente na imaginação do leitor que concordamos que elas foram compostas por essas pessoas, às quais, inclusive, não hesitamos em atribuir uma identidade. O corpo como metáfora literária: a obra de arte como signo da fisiologia que a realiza enquanto tal.

***

Vestígios da arte oratória sobrevivem em outro gênero antigo, que os modernos souberam cultivar com proveito: a tragédia, que mantém um lugar para a "declamação oratória". Essa observação, feita no ensaio "Da eloquência", não permite entrever a gestação, quase vinte anos mais tarde, do ensaio "Da tragédia", publicado em 1757, considerado um dos pontos altos da produção filosófica humana. O problema é posto com clareza logo na abertura do texto: "Parece impossível explicar

---

18 Ver David Hume, *My Own Life*.

o prazer que a tristeza, o terror, a ansiedade e outras paixões em si mesmas desagradáveis proporcionam aos espectadores de uma tragédia bem escrita".[19] A resposta de Hume é conhecida: a destreza com que a imitação é realizada converte o desprazer em prazer: "toda a arte do poeta é empregada para despertar e manter a compaixão, a ansiedade e o ressentimento de sua audiência. O prazer dela é proporcional à sua aflição, e jamais é tão feliz como quando suas lágrimas, suspiros e gritos servem para dar vazão à sua tristeza e aliviar o coração inflado pela simpatia e pela compaixão mais tenras".[20]

O gênio de Hume é oferecer a resposta à questão na própria maneira como a formula. Para surtir efeito, a tragédia tem de ser "bem escrita". No final do ensaio, ele exprime reservas ao teatro inglês pela falta de decoro dos seus autores, que põem em cena ações repulsivas, que ferem o bom gosto; embora não se refira diretamente a Shakespeare, este é objeto de uma caracterização ambígua na *História da Inglaterra*.[21] Hume prefere Racine, que considera mesmo superior a Sófocles.[22] Os modernos não se limitaram a reinventar a tragédia, souberam aprimorá-la em relação aos modelos antigos.

O trabalho das paixões é o principal objeto do poeta trágico. No ensaio "Racine e as paixões", Erich Auerbach mostra que o teatro de Racine tem um aspecto subversivo, ameaçando tornar obsoleta a moral cristã, que ele substitui por uma

---

19 Id., "Da tragédia", em *A arte de escrever ensaio*, p.163.
20 Ibid.
21 Ver id., *História da Inglaterra: da invasão de Júlio César à Revolução de 1688*, p.282-4.
22 Ver em especial as cartas endereçadas por Hume a seu primo, John Home, um dramaturgo; em J. Y. T. Greig (org.), *The Letters of David Hume*, v.1, p.150, 204, 215.

"metafísica das paixões", com destaque para a paixão erótica.[23] Mestre do "efeito de surdina", Racine é decoroso, não encena os atos a que essa paixão conduz, sugere-a pelo uso da linguagem e examina em detalhe as suas consequências. É um autor estudioso, que, no entanto, esconde a árdua reflexão que, diríamos agora na esteira de Barthes,[24] é um dos alicerces da sua arte. Se quisermos, um autor filosófico, que agrada enormemente aos filósofos, não apenas Hume (lembremos a ambição do jovem Voltaire: tornar-se o Racine do seu século). É claro, portanto, que a declamação oratória não pode aparecer como tal, tornou-se um recurso estilístico, apartado da elocução, que, na tragédia moderna, é mais calma, menos agitada que nas assembleias, tribunais e acampamentos militares da Antiguidade greco-romana.[25]

Mas o pequeno ensaio de Hume guarda os seus segredos. Lido de perto, percebe-se que ele oferece uma meditação sobre a natureza física da arte e dos seus efeitos no corpo. A linguagem trágica, devidamente concebida pelo poeta e bem colocada pelos atores, é efeito de uma série de processos que se desenrolam nos organismos dessas pessoas e chegam aos de outras: desde o poeta que escreve com as mãos o que cogitou no cérebro, passando pelos atores submetidos a árduos exercícios, chegando aos espectadores, que lidam com a violência de uma maneira que provavelmente seriam incapazes, se postos diante dela na realidade, sem o recurso da imitação. Com isso, deixam o teatro mais fortes e mais preparados para aceitar

---

23 Erich Auerbach, "Racine e as paixões", em *Ensaios de literatura ocidental*, p.203-4.
24 Roland Barthes: "Bajazet constitui uma pesquisa apurada sobre a natureza do lugar trágico", em *Racine*, p.94.
25 Hume acompanha Jean-Baptiste Dubos, *Réflexions critiques sur la poésie et sur la peinture* (1755), parte III, 5-11.

os sobressaltos da experiência sem ter de recorrer diretamente ao subterfúgio da religião.[26] Diferença importante: enquanto Racine ou Sófocles tonificam o corpo e deixam em aberto que cada um decida por si mesmo quanto ao que acontece em seu "espírito", a religião cristã se dirige à alma como instância a partir da qual será imposta ao corpo uma série de regras. A linguagem polida e elegante, a gramática correta, a retórica segura no uso das figurações, a combinação artística desses elementos produz um feito considerável: conferir ao desejo sexual – talvez o mais intenso, mais violento e mais egoísta de todos, o caráter de um prazer compartilhado.

***

Os *Ensaios* de Hume tematizam a conversação como prática social regida por regras. A conversação ocupa lugar de destaque no Antigo Regime, seja na Corte ou nos salões e, no caso inglês, nos cafés. Hume era um adepto dessa prática, que se estendia, por escrito, no regime epistolar, que ele também cultivou. Escreveu três diálogos, encenações dramáticas (no registro médio, entre a tragédia e a comédia) de conversas filosóficas. O primeiro foi publicado em 1748 nos *Ensaios filosóficos sobre o entendimento humano* com o título "Das consequências práticas da religião natural", alterado nas edições posteriores (quando o livro passou a se chamar *Investigação sobre o entendimento humano*) para "De uma providência particular e um estado futuro". O segundo apareceu na *Investigação sobre os princípios da moral*, de 1751. Intitulado simplesmente "Um diálogo", oferece uma comparação entre, de um lado, a França e a

---

26 Tomo a liberdade de remeter a um ensaio meu, "Uma anatomia das paixões", publicado à guisa de introdução a Hume, *Dissertação sobre as paixões*.

Inglaterra, e, de outro, Grécia e Roma, do ponto de vista dos costumes (com atenção particular aos hábitos sexuais). O terceiro é na verdade um conjunto de diálogos, dividido em doze partes ou seções. Redigidos na década de 1750, os *Diálogos sobre a religião natural* permaneceram inéditos e só foram publicados em 1779, três anos após a morte do autor. Nesse mesmo ano, foram traduzidos para o francês pelo barão D'Holbach e constituíram motivo de irritação para os filósofos materialistas de seu círculo, que viram nos volteios de argumentação uma bem-sucedida estratégia de recusa do próprio materialismo e, com ele, do ateísmo (posições que Hume considerava tão dogmáticas quanto as da religião, fosse ela "natural" ou "revelada").[27] Ousado demais para os teólogos anglicanos, excessivamente tímido para os filósofos franceses, os *Diálogos* são um exemplo de moderação filosófica.

Em comparação às tragédias de Racine, esses textos têm um efeito mais brando. Longe de nos abalar, por um instante que seja, reconfortam-nos com sua urbanidade, e mostram-nos que é possível falar e mesmo discutir sobre os assuntos mais áridos e controversos mantendo uma concordância de fundo, um sentimento que vibra em diapasão, da "humanidade" dos participantes.[28] Essa amenidade libera a imaginação do leitor para

---

27 Ver Alain Sandrier, "D'Holbach et Hume: scepticisme et propagande irréligieuse", *La Lettre Clandestine*, v.15, p.221-39, 2007.

28 Para tanto, é fundamental que os participantes sejam membros de uma mesma classe ou ordem social. Alguns exemplos: em Cícero, *Da natureza dos deuses*, três senadores; em Shaftesbury, *Os moralistas*, três membros da aristocracia rural; em Hume, *Diálogos sobre a religião natural*, três cavalheiros; em Diderot, *O sonho de D'Alembert*, quatro burgueses. Do contrário, poderia haver deferência de uma personagem para com outra ou, inversamente, condescendência, o que destruiria a liberdade da conversação.

que ela acompanhe os personagens de Hume em elucubrações sobre a natureza da divindade, exercício que de outra maneira seria extenuante. Em toda essa discussão sobre a religião natural – aquela, dos teólogos newtonianos ingleses, que inferem, da existência do mundo como ordem, uma divindade inteligente em seu fundamento –, os personagens Fílon, Cleantes e Demea[29] permanecem às voltas com uma tópica: ver as coisas não é entendê-las, o "sistema do mundo" não é signo de um autor do mundo, senão da inteligência do próprio Newton. Quem vê a circulação do sangue nos animais e a da seiva nas plantas vê duas circulações, não do mesmo líquido, não pelos mesmos órgãos, duas coisas visíveis não se explicam uma à outra, e sua visibilidade pode obscurecê-las.

Essa tópica aparece nos escritos de um amigo de Hume, o autor da *Carta sobre os cegos* (1751). Para Diderot, quem não vê entende as coisas de um jeito diferente, não raro mais correto, do que os dotados de uma visão que os fascina a ponto de não sentirem mais certas coisas – preferindo a ideia de uma divindade abstrata à da densidade sensível da matéria.[30] Em *O sonho de D'Alembert*, o geômetra que delira enquanto dorme sabe o que vê e o que não vê, porque não se pauta pela visão, mas por sensações que adquire pelo tato, com o qual se apalpa a si mesmo e sente-se como corpo, e, quiçá, como matéria sensível.

---

29 Adotamos aqui as grafias dos nomes tais como sugeridas por Álvaro Cabral em sua excelente tradução em Hume, *Diálogos sobre a religião natural*.

30 "Diderot tem o direito de dizer que a ciência do sensível é sempre uma cegueira, natural ou provocada, uma renúncia às significações imediatas e enganadoras do visível. O saber objetivo da visão (a redução das cores às qualidades segundas, do espaço à extensão mensurável) é, em suma, a desforra do cego sobre o vidente." Gérard Lebrun, "O cego e o filósofo, ou o nascimento da antropologia", *Discurso*, v.3, n.3, p.127-40, 1973, aqui p.136.

Para Diderot como para Hume, a legibilidade dos fenômenos é facultada por um dispositivo retórico particular: a metáfora, que duplica na linguagem a relação analógica entre um sentido e o outro, no caso, a visão que encobre o tato e o tato que, relativizando-a, a torna legível.

Na abertura da sétima parte dos *Diálogos*, que forma, juntamente com as duas precedentes, uma espécie de núcleo à parte,[31] o cético Fílon se dirige a Cleantes:

> Ao examinar o antigo sistema da alma do mundo ocorre-me de súbito uma nova ideia que, se estiver correta, pouco faltará para subverter todo o vosso raciocínio e até para destruir as inferências primeiras nas quais depositais tanta confiança. Se o universo apresenta uma semelhança maior com os corpos animais e vegetais do que com as obras da arte humana, é mais provável que a sua causa se assemelhe às causas dos primeiros do que à causa das últimas; e a sua origem deve ser atribuída de preferência à geração ou vegetação do que à razão ou desígnio.[32]

Detalhando o argumento, Fílon acrescenta: "tal como uma árvore espalha as suas sementes nos campos vizinhos e produz outras árvores, assim o grande vegetal, o mundo, ou este sistema planetário, produz dentro de si determinadas sementes que sendo disseminadas no caos circundante vegetam em novos mundos".[33] O uso desabusado de uma analogia inesperada – o mundo como sistema orgânico – leva a uma série de figurações, das quais a vegetal é certamente a mais irreverente,

---

31 Comentado por Didier Deleule em *Hume et la naissance du libéralisme économique*, cap.4.
32 Hume, *Diálogos sobre a religião natural*, parte VII, p.75.
33 Ibid., p.76.

pois, então, fica claro que o mundo não apenas não tem desígnio, como tampouco tem inteligência – dado que, na fisiologia vegetal da época, é uma questão saber se os vegetais sequer teriam sensibilidade. Fica demonstrada, com isso, pela via negativa, a "ineficácia da razão",[34] tanto para compreender o que está em jogo como a título de faculdade produtiva.

A ironia de Fílon nessa passagem dá vazão à ironia do próprio Hume, que, no entanto, recorrendo à voz desse personagem, exime-se da posição de ataque frontal aos teístas, mostrando apenas como essa investida pode ser levada a cabo em linguagem adequada e com argumentos inteligentes. O texto adota, assim, uma artimanha retórica, situando-se, ao mesmo tempo, nos estertores da peroração que tem lugar na oratória. Pois o que mais interessa é mostrar que nenhuma demonstração é possível, detendo-se, para tanto, no avesso da demonstração, ao qual se tem acesso pelo recurso à analogia e pelo uso da metáfora. Sugerindo a ideia, de resto absurda, para um cético, de que isso que se chama de "universo" seria como um ser vivo, Fílon não perde a oportunidade de pintar, na imaginação do leitor, uma ideia forte o suficiente do que distingue os organismos das máquinas, a geração da fabricação, o agregado do sistema, o acaso do desígnio. "Essas palavras, geração e razão, indicam apenas certos poderes e energias da natureza, cujos efeitos são conhecidos, mas cuja essência é incompreensível; e nenhum destes princípios tem, mais do que o outro, direito a ser considerado como padrão para a totalidade da natureza."[35]

---

34 Aproprio-me de uma expressão cunhada por Yara Frateschi a propósito da crítica de Hobbes a Cícero e Aristóteles, da qual Hume, diga-se de passagem, é tributário. Ver *A física da política: Hobbes contra Aristóteles*, p.113-22.
35 Hume, *Diálogos sobre a religião natural*, parte VII, p.77-8.

O sentimento da desproporção entre razão e o fenômeno que ela tenta em vão abarcar constitui o sublime filosófico. Nas páginas de Hume, é um contraponto valioso ao sublime retórico. Como explica Rubens Rodrigues Torres Filho, em meados do século XVIII a "elevação da alma" da retórica clássica se tornara o *leitmotiv* da especulação metafísica mais rarefeita – "que eco não haveria de encontrar a recomendação do Pseudo-Longino, de que o sublime não deveria ser ornamental, mas cultivado como verdadeira elevação da alma, quando vemos um pensador como Moses Mendelssohn apontar como 'objetos' do sublime precisamente 'Deus, o mundo, a alma' – os próprios objetos da *metaphysica specialis* da escola wolffiana!"[36] Nos *Diálogos* de Hume, o *páthos* da insuficiência da razão é encenado como comédia dramática, não tanto uma meditação sobre a finitude quanto uma celebração do poder praticamente ilimitado da linguagem.

---

36 Rubens Rodrigues Torres Filho, "O sublime em ação", *Folha de S.Paulo*, 3 abr. 1995, "Jornal de Resenhas".

9.
O romance da força[1]

A arte é um além-da-natureza; mas o que uma arte qualquer poderia dever à natureza? A oposição entre esses termos, como quer que se definam, redobrada naquela entre natureza e cultura, é estranha ao século XVIII. Mesmo em Rousseau, ela é provisória, um recurso da imaginação filosófica na tentativa de compreender uma situação de fato, a existência histórica da vida em sociedade. O lugar-comum da *"belle nature"* é um epíteto reservado aos objetos de fabricação humana calculados para o prazer e que imitam coisas naturais, que existem à revelia do fazer humano. Então, produzem-se objetos que trazem consigo uma regra, certo modo de proceder análogo ao que se observa nas coisas naturais. A própria arte tem, portanto, um modo natural de ser. Mas a natureza, como regra da arte, vem antes dela, existe por si mesma, é dada como regra sem estar ligada a uma consciência. Kant costumava abrir suas lições de lógica observando que pensamos antes de aprender as regras do raciocínio, falamos antes que nos ensinem a gramática, movemo-nos sem a consciência das leis da física. A partir

---

[1] Colhemos a expressão junto a Jacques Derrida, *Le Calcul des langues*.

dessa observação, o filósofo considera que a consciência das regras é importante, mas adquire-se de modo a não interferir na naturalidade com que essas e outras coisas são feitas. Ao contrário, deve tornar tudo ainda mais natural, mais conforme à natureza. A elegância, como critério valorativo, aplica-se ao pensamento, à fala, aos gestos e movimentos. Direcionando os hábitos naturais a um propósito, torna-os mais seguros, mais firmes e decididos. Permite que a força do natural venha à tona sem irromper de maneira abrupta. O refinamento pule a rusticidade, trazendo à vista o "belo natural".

Considerações como essa se encontram por toda parte no século, mas nunca formuladas de maneira tão límpida como por Voltaire:

> A eloquência nasceu antes das regras da retórica, assim como as línguas surgiram antes da gramática. A natureza torna os homens eloquentes na causa dos grandes interesses e das grandes paixões. Quem sente uma emoção forte vê as coisas com outros olhos. Tudo se torna objeto de comparação rápida e de metáfora. Sem mesmo se dar conta, ele anima tudo à sua volta e transmite aos que o escutam uma parte de seu entusiasmo. Um filósofo esclarecido observou que o povo se exprime através de figuras, que nada é tão comum e tão natural como os tropos. Por toda parte, a natureza pinta suas imagens fortes, que, assim, se tornam comuns.[2]

O "filósofo esclarecido" que Voltaire menciona é o gramático Du Marsais, autor de um *Tratado dos tropos* (1730), que traz um elogio da língua vulgar falada nas praças e mercados por gente pouco instruída, mas, nem por isso, com menos

---

2 Voltaire, "Eloquência", em Diderot; D'Alembert, *Encyclopédie, ou Dictionnaire raisonnée des artes, des sciences et des métiers*, v.V, p.529.

eloquência, e, logo, dotada de uma inteligência natural, espontânea. Esse falatório vulgar não existe para algum grande propósito, é empregado nos usos mais comezinhos (a ofensa, a intriga, o ganho, a chantagem, a sedução etc.) que, no entanto, contribuem para a sociabilidade. Suas origens estão no manancial de "instintos" ou disposições naturais que dão o lastro para a expressão mais nobre e mais elevada.[3]

Convém não esquecer: a oratória é uma arte que, em seu ensejo, nas repúblicas antigas, tinha uma finalidade clara – a formação, a manutenção e a defesa do corpo político era afeita à arte militar, com a qual frequentemente se combinava. Para realizar esse fim, os oradores empregavam recursos que, de tão sofisticados, foram sistematizados em uma ciência canonizada em numerosos escritos (tratados, diálogos, discursos) que chegaram à época moderna. Mas, quando isso aconteceu, a liberdade dos antigos desparecera, e os modernos aplicaram os preceitos da retórica à arte de escrever. Da voz ao silêncio, da elocução à escrita, a veemência é outra. Tal é, precisamente, a intenção do pequeno ensaio que Voltaire generosamente cedeu à *Enciclopédia*: examinar as condições em que esses arroubos naturais podem ser adequados a uma imaginação mais serena, mais calma que a dos antigos. A fantasia moderna se realiza na leitura dos livros em voz alta e na conversação, livre e galante, conduzida pelas mulheres; não, como a antiga, nas assembleias e tribunais, em que homens viris decidiam os destinos dos cidadãos e da república.

À maneira de outras peças do gênero, o ensaio de Voltaire não oferece regras fixas. Mesmo porque elas não existem, tudo o que há são recomendações gerais, que cada autora

---

3 Du Marsais, *Des Tropes, ou des différents sens dans lesquels on peut prendre un même mot dans une même langue*, cap. I, artigo primeiro.

adapta ao seu gênio, à sua formação e à época em que vive. Permanece, contudo, o imperativo do controle, da contenção e modulação das paixões. Exigência filosófica. Os filósofos localizam nas paixões o elemento de perturbação da razão sóbria que julga corretamente a partir de ideias claras e distintas. Mas, enquanto os "racionalistas" veem as paixões extrínsecas à razão, um elemento agressor, estrangeiro e nocivo, a ser combatido com "regras para a direção do espírito" ou tratados de "correção" ou "conduta do entendimento", o século de Voltaire, herdeiro daquele de Racine, não distingue com tanta ênfase a racionalidade da passionalidade. Atento aos excessos da razão, que também tem seus raptos de entusiasmo (quando quer tudo conhecer, sem realizar um exame prévio de suas capacidades), percebe, ao mesmo tempo, que as paixões têm a sua lógica, ou, como prefere Hume, sua "química" própria. Desde que bem dosadas, podem servir a propósitos interessantes, inclusive frear o ímpeto desmedido da razão.

Equiparando a razão às paixões, o século reconhece como situação de fato a prioridade do corpo físico em relação ao espírito. Não se trata de inverter a hierarquia do dualismo, mas de ignorá-la, e tratar a alma, que seja provisoriamente, a título de hipótese experimental, como uma parte do corpo. Este também é privado de seus antigos privilégios, deixando de ser substância extensa para se tornar o lugar – a ser definido – de uma propriedade que recebe o nome geral de "sensibilidade", definida como "propriedade dos corpos vivos", não de um sujeito racional.[4] Uma paixão não deixa de ser um juízo espontâneo, uma reação física à intensidade com que uma sensação toca os

---

4 Fouquet, "Sensibilidade, Sentimento", em Diderot; D'Alembert, *Encyclopédie*, v.XV, p.38: "*La sensibilité est dans le corps vivant, une propriété qu'ont certaines parties de percevoir les impressions des objets externes, & de*

órgãos dos sentidos (externos ou internos). Essa reação pode ser positiva – de prazer – ou negativa – de desprazer. Esses estados não são qualitativamente distintos, misturam-se, confundem-se, tornam-se intercambiáveis. Cabe à arte de escrever o trabalho sobre as paixões, absorvendo a sua violência, escandindo-as no ritmo da linguagem, poética ou prosódica, e modulando a sua expressão de tal maneira que seja compatível com a comunicação dos sentimentos comuns às pessoas vivendo em sociedade.

O corpo é a um só tempo efeito e substrato das paixões. Chega-se a uma nova ideia geral de corpo. De substância tornou-se relação, de coisa tornou-se nome, referência vaga a uma teia de múltiplas sensações variadas e oscilantes. Essa teia é tecida a partir de certos princípios, o que Hume chama de "natureza humana", Diderot, de "fisiologia", e, Condillac, de "conformação dos órgãos". É a "natureza" sem a qual não existe arte. O jeito alusivo de se referir a esse substrato intangível, que os filósofos se recusam a objetivar, se explica. A arte de escrever filosofia, pautada pela imaginação e pela sensibilidade, tem a intenção de figurar e enunciar esse "corpo" que, então, poderá ser tomado, de maneira retrospectiva, como o princípio, a condição de possibilidade da própria arte.

No verbete "Escrita", publicado no volume V da *Enciclopédia*, Diderot explora o aspecto físico do gesto de escrever, que tende a ser ignorado, principalmente quando serve a atos de abstração.[5] Ensina ao leitor a posição em que ele deve se sentar, como empunhar a pena, quais as condições, em suma, para

---

produire en conséquence des mouvemens proportionnés au degré d'intensité de cette perception".

5 Diderot, "Écrire (*Art méchanique*)", em Diderot; D'Alembert, *Encyclopédie*, v.V, p.371a-372a.

realizar a escrita com tento. Descrevendo esse ritual em detalhe, recupera a concretude de uma ação que, por distração ou irreflexão, nos acostumamos a ver como puramente intelectual (quando não espiritual). Mas mesmo os sábios e os santos escrevem com as mãos, leem com os olhos, recitam com a voz, ouvem com ouvidos, recitam o discurso na imaginação e transcrevem no papel sua versão final, corrigida. São as etapas que conduzem à escrita tal como a encontramos num manuscrito, numa carta, num livro. Para abordar esse suporte material e decifrar os signos que ele contém, teremos de nos fiar em nossos sentidos – que convergem para um centro comum, ou um sentido interno, acessível, precisamente, no gesto da escrita e no seu resultado, o texto elaborado em conformidade a regras.

***

Na história da formação do espírito humano, que Condillac reconstitui no registro da conjectura, da fabulação verossímil, tudo começa com a agitação espasmódica de uma unidade física pré-linguística, não discursiva, o corpo que reage ao ser atingido, ferido por uma sensação e oprimido por uma paixão concomitante. O movimento produzido é extravasamento sem significado, não se descola do que o incita, não se oferece como signo de movimentos similares em unidades físicas equiparáveis, encerra-se em si mesmo. Obedece a uma lógica que não é a da linguagem, que ele nem sequer anuncia.

> O começo é simples e sensível: todas as faculdades do entendimento se desenvolvem a partir da atenção, elemento que salta da massa das sensações; os signos se vão emancipando da estreiteza da linguagem de ação; começando individuais, as ideias se generalizam e com o tempo se desatam como espécies de gêneros; as faculdades

da vontade, principiando pelas carências, com o tempo se afinam e se diversificam. Afetando todas as sequências, a complexificação gradual assegura o duplo sentido do percurso, pois o compor e o decompor, que se exerce na dupla mão, constituem o método mesmo, a análise que só com o ir e vir se concebe.[6]

A passagem da linguagem de ação à linguagem verbal não suprime os elementos da primeira, assim como a passagem da sensação à linguagem de ação não a aparta de suas origens. Kossovitch afirma:

> Ao surgir, a poesia é determinada pela pantomima e pelo canto: a prosódia, que tem no canto o modelo de discriminação, explicita o fônico nas variações sígnicas, e a pantomima dá o exemplo das diferenças gestuais no estabelecimento do domínio da referência. A referência predomina sobre a articulação fônica: primado do visual, concebido como figuração.[7]

Nesse trânsito, há um circuito entre os signos da sensação e do discurso, e jamais se perde de vista a concretude sensível que torna possível a estruturação da fala. Mas, quando se passa da voz à escrita, essa referência se perde, e o texto desponta como suporte de uma abstração que gira em falso e da qual os sistemas filosóficos oferecem o exemplo mais acabado (e mais desesperado). Kossovitch, mais uma vez, afirma:

> Transversalmente, a tensão se evidencia nos avanços diferenciados das sequências, diminuindo quando remetida às grandes unidades, natureza e artifício: inscrita na sensibilidade, a linguagem de

---

6 Leon Kossovitch, *Condillac lúcido e translúcido*, p.46.
7 Ibid., p.149.

ação tem por escopo o sensível, fugindo-lhe o insensível – e não apenas as ideias gerais – como as faculdades da alma e a mesma alma.[8]

Diríamos que o corpo oferece os primeiros signos. Mas, para que os gestos e os grunhidos e gritos que os acompanham ou se intercalam a eles possam ter essa qualidade, é preciso que as próprias sensações também o tenham, senão o gesto seria inócuo. Se o corpo significa, é porque sua expressão é inseparável das sensações e das paixões, também elas constantes e limitadas (dada a "conformação dos órgãos" do animal humano). As pessoas podem falar e se entender minimamente, processo primitivo que, por ser analógico, leva de uma forma de expressão a outra, organizada diferentemente, mas segundo princípios comuns, presentes na natureza humana.

Respondendo a Rousseau, Condillac o reconstitui a partir da forma em que ele se encontra na vida política.

> Quando falo de uma língua primeira, não afirmo com isso que os homens realmente a fizeram assim, apenas que poderiam tê-la feito desse modo. Não é essa a opinião do sr. Rousseau. "Para fazer uma língua", diz ele, "seria preciso agrupar os seres sob denominações comuns e gerais, e, para tanto, seria preciso conhecer as suas propriedades e as diferenças entre eles, seria preciso realizar observações e fazer definições, ou seja, seria preciso ter história natural e metafísica, o que é muito mais do que os homens poderiam ter à época." Uma opinião como essa, na pena de um escritor tão profundo e tão eloquente, só pode ser inadvertida. Com efeito, ele pede que os homens que, em nossa suposição, fizeram uma língua, tenham muito mais conhecimentos do que o necessário para fazê-lo. Pois, se eles tivessem que saber história natural e metafísica para determinar

---

8 Ibid., p.101.

as propriedades das coisas e defini-las, nossas crianças também só poderiam aprender a falar quando soubessem história natural e metafísica o suficiente para poder acompanhar os progressos das línguas em cada uma das ocupações do espírito humano. Dir-se-á, e eu concordo, que esses conhecimentos são, sem dúvida, necessários para qualquer um que queira saber perfeitamente a sua própria língua. Mas seriam necessários a uma criança, que, para satisfazer as suas necessidades, não precisa mais que uma expressão rudimentar e um punhado de palavras? A linguagem da criança é a imagem da linguagem primitiva, que, em sua origem, deve ter sido bastante rudimentar e limitada, e que progrediu lentamente, pois é assim que os homens avançam de um conhecimento a outro [...]. Suponho apenas que os homens têm necessidades, e, por isso, observariam não as propriedades das coisas, mas as relações sensíveis entre si mesmos e as coisas, e de fato as teriam observado, pois tinham, inevitavelmente, um sentimento delas. Essas relações, conhecidas ou sentidas, começariam a lhes dar ideias, embora imperfeitas, que não lhes permitiriam fazer definições. Essas ideias seriam, no entanto, suficientes para observar semelhanças e diferenças entre as coisas, e, com isso, para adquirir denominações comuns e gerais e distribuir os seres em diferentes classes. Tudo isso não exige mais que aquela porção de metafísica que se encontra em todos nós, mesmo antes que tenhamos aprendido a falar, e que as necessidades (*besoins*) começam a desenvolver nas crianças.[9]

A tradução de *besoins* por necessidades desconsidera o sentido de "carências" próprio da expressão francesa.[10] Da natureza à arte, as inventoras da linguagem são impelidas por

---

9 Condillac, "Gramática", em *Lógica e outros escritos*.
10 Ver Diderot, "Besoin", em Diderot; D'Alembert, *Encyclopédie*, v.II, p.213.

carências, pelo desejo de ter algo que lhes falta, mesmo motor que atua nas crianças em meio civilizado. A atuação dessas carências é anterior, existe desde sempre, põe o corpo humano em movimento, engendra o gesto, impele ao grito. Condillac chama a esse motor de "instinto", ou disposição natural.

Embora se refira a um fenômeno que hoje é considerado biológico ou mesmo psicanalítico, essa teoria do instinto é física. É uma força que impele um corpo a buscar por outro: atração. Mas não apenas: impulsão. Michel Delon cita Condillac no *Dicionário de sinônimos* – "a palavra força é um nome que damos a uma causa que desconhecemos" – e observa que, para Condillac, "essa palavra vem da consciência que temos de poder nos deslocar e de levar o corpo, e que, a partir desse sentimento de nosso corpo, é transportada para coisas espirituais e coisas inanimadas".[11] O animismo é uma analogia: leva a pensar o que não é concreto como dotado de uma propriedade física, e, eventualmente, de uma alma, ela também senhora de uma capacidade que, a rigor, é muscular – o controle sobre as operações do corpo. Se a ficção dualista tem algo de legítimo, é como resultado de uma transposição que leva do que é conhecido pela sensação mais imediata, do tato, que dá a uma superfície física a ideia de que ela mesma é algo como um corpo, a coisas que ou não aparentam ter essa mesma capacidade de ter ideias (os seres inanimados) ou das quais o corpo não é capaz de ter nenhuma sensação (a alma). "Na base dessa teoria", comenta Delon, há um "sentimento tal que não pode ser definido" e que só se deixa apreender em "um sentido figurado, irredutível ao sentido próprio".[12] No lugar do fundamento, o romance da contenção e modulação da força que

---

11 Michel Delon, *L'Idée d'énergie au tournant des Lumières*, p.76.
12 Ibid., p.77.

só se deixa apreender na expressão, a meio caminho do signo que irá matizá-la. Delon diz: "a fala que sucede à linguagem de ação permanece, em sua forma primeira, acentuada, prosódica e figurada. Entre ela e a música, não há corte".[13] Este virá quando a língua se afastar de suas origens gestuais. Deslocando-se do órgão da voz para a escrita silenciosa, "ganha em clareza o que perde em energia, em abundância o que perde em concisão, em propriedade o que perde em imagem".[14]

A arte de escrever da Ilustração busca pelo equilíbrio entre clareza e energia, mas sem sacrificar a expressão e o decoro. A suspeita do "Grande Racionalismo" de que a linguagem é um véu que se interpõe entre o intelecto e as coisas, com as artimanhas da retórica escolástica e suas palavras vazias, embora justa, foi longe demais. Ressecou o estilo dos filósofos, ou, quando não o fez, instaurou uma curiosa inadequação de uma denúncia da retórica, feita no estilo mais elegante e mais simples, o estilo médio que Cícero recomenda aos prosadores. Com Voltaire, Hume e Montesquieu, isso muda. Como explica Franklin de Mattos, "a verdade filosófica não se exprime apenas na forma do conceito, mas, também, por assim dizer, de maneira sensível. [...]. Estamos longe daquela desconfiança face à imaginação que distingue um certo racionalismo".[15] Dentre os gêneros cultivados pela nova filosofia estão os dicionários, as investigações, os ensaios, os contos e os romances. Os antigos "tratados de moral" adquirem a forma de "exercícios" que tocam diretamente a sensibilidade do leitor, promovendo uma conciliação entre "o *logos* e o *mythos*, a razão e a fábula".[16] O êxito

---

13 Ibid.
14 Ibid.
15 Franklin de Mattos, *A cadeia secreta: Diderot e o romance filosófico*, p. 37-8.
16 Ibid.

dessa transformação pode ser medido pela forma jocosa como o *Sobrinho de Rameau* – não exatamente uma figura do *establishment* literário – se refere a ela, nas páginas de Diderot:

> Será delicioso. Provaremos que Voltaire não tem gênio, que Buffon, sempre de salto alto, não passa de um declamador afetado; que Montesquieu é apenas um pedante; relegaremos d'Alembert à sua matemática, faremos gato e sapato de todos esses pequenos Catões como você, que nos desprezam por inveja, cuja modéstia é o manto do orgulho, e cuja sobriedade é ditada pela necessidade.[17]

***

A diferença entre energia e força é dada por um critério antigo: "o orador conjuga a força do raciocínio à energia das expressões", escreve D'Alembert no verbete "Energia, Força".[18] O raciocínio tem força quando as partes que o compõem são devidamente ligadas entre si de modo que a série, uma vez percorrida, forme um todo fechado e coerente. A expressão é enérgica quando esse todo é exposto de maneira clara e torna-se evidente. A primeira qualidade é lógica, a segunda é gramatical, uma está na composição, a outra no estilo. Mas, como adverte Voltaire, também versando sobre "Força" na *Enciclopédia*,[19] os modernos entendem essa diferença como figurada, uma transposição a partir do sentido simples da palavra "força", que é físico "e se aplica a todas as partes do corpo que se encontram em movimento, em ação: a força do coração, a força das

---

17 Diderot, *O sobrinho de Rameau*, p.71.
18 D'Alembert, "Énergie, Force", em Diderot; D'Alembert, *Encyclopédie*, v.V, p.651.
19 Voltaire, "Força", em ibid., v.VII, p.109.

vísceras, a força dos pulmões, da voz, dos braços".[20] O sentido figurado é autorizado por uma propriedade comum entre a força física e a intelectual. Cabe dizer que "a natureza dá força ao espírito como ao corpo, e que, em ambos os casos, o exercício moderado as aumenta, enquanto o exagerado as diminui".[21] Para se exercitar, é preciso alimentar-se e repousar, e Voltaire, encontrando a epítome da força física na força muscular, chega a um passo de dizer que o espírito é um tecido físico. É o suficiente para que não nos apressemos, como "alguns filósofos", a ver na força uma "qualidade inerente à matéria", afirmação hipotética que é impossível de ser demonstrada.[22] Mantendo-se equidistante do materialismo e da monadologia, Voltaire faz profissão de fé newtoniana, adotando a ideia de força em sentido puramente descritivo.

Essa ideia é exposta por Newton nos *Princípios matemáticos de filosofia natural* (1686; 3.ed. 1725), na seção de abertura, dedicada às definições.[23] Alexander Koyré investigou suas origens em escritos de Newton anteriores à sua obra-prima e a encontrou, em sua formulação mais clara, na definição 3 do *De motu corporum*:

> A força que reside na matéria (*vis insita*) é o poder que ela tem de resistir. Por meio dessa força todo corpo se mantém por si mesmo em seu estado atual de repouso ou de movimento em linha reta. // Essa força é sempre proporcional à quantidade de matéria dos corpos e, se difere do que chamamos de *inércia da matéria*, é pela maneira de concepção. Pois a inércia é o que faz que não seja possível mudar

---

20 Ibid.
21 Ibid.
22 Ibid., p.110.
23 Isaac Newton, *Princípios matemáticos da filosofia natural*, definição 3 e ss.

sem esforço o atual estado de um corpo, esteja ele se movendo ou em repouso. E, assim, podemos dar à força que reside nos corpos o nome bastante expressivo de *força de inércia*. // O corpo exerce essa força todas as vezes que se trata de alterar seu estado atual, e, então, podemos considerá-la sob dois aspectos diferentes, ou como *resistente* ou como *impulsiva*. Como resistente, na medida em que o corpo se opõe à força que tende a fazer que ele mude de estado, como impulsiva, na medida em que o próprio corpo realiza um esforço para mudar o estado do obstáculo que resiste a ele.[24]

Poderia ser objetado a Newton, esquecendo-se de que os termos dessa definição remetem a outras tantas definições, que ele é obscuro quando fala em "força", "matéria", "poder" e "corpo". Mas o valor de cada uma dessas palavras é dado pelo valor das outras: são signos, que se encaixam entre si em definições que explicam estados relativos aos "fenômenos" do movimento e não às "coisas em si mesmas" (na terminologia do próprio Newton). Portanto, quando Voltaire escolhe esse sentido de força como próprio e relega os demais, inclusive o estilístico, à metáfora, não faz mais do que situar, uns em relação aos outros, os diferentes sentidos de uma mesma palavra. Procede, assim, como bom gramático. Da física à retórica, há uma derivação direta: o corpo do orador que se agita durante a peroração, o do flautista que o secunda em pantomima, o da pitonisa que treme ao enunciar o oráculo, o da bailarina que dá seus passos segundo a marcação de um instrumento, tocado por um músico.

***

---

24 Alexandre Koyré, *Études newtoniennes*, p.225.

A linguagem surge como ação do corpo e gesticulação; como querer um registro escrito dessa cena, se a própria escrita é muito posterior a ela, vem depois da linguagem oral? A solução de Condillac para esse impasse é original. Na segunda parte do *Ensaio* (1746), ele toma o estado de línguas conhecidas – como o latim antigo e o francês moderno – e, a partir da análise e decomposição de seu modo de enunciação e de sua estrutura gramatical, recua até o suposto estado das primeiras línguas, e destas retrocede aos estágios pré-verbais que antecederiam a formação da fala (*parole*). História conjectural,[25] que excede os limites estreitos do discurso verbal, situando-o no quadro mais abrangente da expressão em geral, como função da economia animal própria do corpo humano – ou da espécie geral da qual o corpo de cada um é o signo particular.

Por não situar, como Rousseau, a origem das línguas na voz, encontrando-a, antes, na gesticulação, da qual os gritos fazem parte, embora sejam desprovidos de autonomia, Condillac pode valorizar, na história ascendente, as formas de expressão não verbais que, uma vez consumadas em arte, preservam a força expressiva da linguagem de ação. A segunda parte do *Ensaio* mostra como elas adquiriram, quase sem percalços, a forma de sistema, prolongando, por via de analogia, o instinto de natureza e promovendo sua realização efetiva, ainda que parcial. Nesse sentido, é especialmente importante a análise da hipotética passagem da linguagem verbal ao canto e à dança. Condillac sugere que a dança aparece em situações como as narradas na Bíblia, em que os líderes hebraicos se dirigem ao povo com a palavra de Deus, ou na história greco-romana, quando a pitonisa no oráculo de Delfos recebe os augúrios diretamente de Apolo. Fenômenos díspares, nos quais se encontra, porém,

---

25 Bertrand Binoche, *As três fontes da filosofia da história* (1764-1798).

uma mesma concomitância entre as acentuações da voz, a gesticulação das mãos e os espasmos do corpo, combinados numa espécie de pantomima espontânea, sem muito método, e que, no entanto, contêm uma regra que leva à arte de dançar, ou de mover certas partes do corpo acompanhando as entonações do canto ou de um instrumento musical – formas de expressão em que o acento prosódico sobrevive intacto.

> Aprimorando seu próprio gosto, os homens teriam dado a essa *dança* mais variedade, mais graça e mais expressão. Não somente submeteriam a regras os movimentos dos membros e as posturas do corpo, como marcariam os passos a serem dados pelos pés. Com isso, a dança dividir-se-ia naturalmente em duas artes, que lhe eram subordinadas: uma delas é, na expressão dos antigos, a *dança de gestos*, conservada para auxiliar na comunicação de pensamentos dos homens; a outra é a *dança de passos*, que serve para exprimir estados de espírito, em especial a alegria, e é empregada em situações de júbilo. Seu principal objetivo é o prazer. A dança de passos provém daquela de gestos, e conserva o caráter desta.[26]

Com a introdução da marcação do ritmo com os pés, a dança se torna uma arte completa, do corpo inteiro, tornando-se, inclusive, autônoma em relação à gesticulação declamatória do teatro e da retórica, em que somente as mãos e o pescoço são mobilizados, e da pantomima, cuja movimentação, embora marcada pelo acompanhamento musical, permanece presa a uma narração.[27] Na dança dos passos, o corpo não conta uma história, é pura expressão das redes sensoriais e

---

26 Condillac, *Ensaio sobre a origem dos conhecimentos humanos*, p.178-9.
27 Ver Dubos, *Réféxions critiques sur la poésie et sur la peinture*, parte III, cap.13-4.

nervosas que o percorrem de uma ponta a outra, e de dentro para fora. A estátua viva do *Tratado das sensações* ainda não aparece no *Ensaio*, mas, de certo modo, está pressuposta nele: a energia da dança é interna, o movimento é o esquema da relação entre um corpo que se põe à parte e um meio que ele constrói para si mesmo, no ato mesmo da afirmação de sua autonomia. A continuidade da linguagem de ação à arte de dançar é assegurada pela manutenção e depuração da força física natural do corpo animal, quando reage à intensidade das sensações. Essa reação é proporcional: quanto mais violenta uma ação, mais intensa a paixão que lhe corresponde. Nesse esquema de ação e reação, o corpo desponta como unidade física abstrata, elemento de uma trama geral, de filosofia natural, em que tudo se dá a partir de leis constantes e universais de atração e gravitação. Nesse sentido, a arte de dançar é um método de exploração desse espaço neutro em que as leis de Newton se realizam. Mas é, também, um método de redefinição qualitativa desse espaço, doravante representado, a partir do corpo que dança, como efeito das possibilidades da fisiologia muscular e nervosa de uma unidade física abstrata que adquire, graças à arte, uma densidade própria. A dança não imita os estados de espírito, torna-os visíveis, as sensações internas são expostas num sistema análogo ao das relações entre elas, as conexões simultâneas que elas têm entre si são mostradas como conexões sucessivas de conjuntos de relações entre as diferentes partes do corpo – a fisiologia interna do desejo humano é analisada e exposta a olho nu.[28]

---

28 O verbete de Cahusac, "Dança", em Diderot; D'Alembert, *Encyclopédie*, v.IV, p.623, confirma a opinião de que essa arte é um método de expressar vivamente os estados de prazer e dor que os humanos sentem na relação com suas sensações e os desejos ligados a elas. O

***

Com isso estamos longe do ideal da "bela natureza", e começamos a entender que a sua manutenção, no pensamento ilustrado, depende de restrições consideráveis às injunções do cânon das regras clássicas. Senão vejamos. A mesma dançarina que não pode mostrar caretas na apresentação aceita essa restrição em nome de uma expressividade quase indecorosa, pois, agora, o seu corpo irá aparecer de um jeito mais conveniente à anatomia e à fisiologia do que à convivência no mundo elegante. Nesse mesmo espírito, Diderot recomenda ao ator a utilização de técnicas não verbais de expressão, que remetem ao substrato originário da expressividade humana, tal como ele aparece na conjectura de Condillac, ou, como diz Franklin de Mattos, à "unidade original, mais poética e enérgica da expressão."[29] "O espetáculo para Diderot é sempre voz e gesto", e ele "preconiza um teatro que consiste essencialmente em introduzir em cena o corpo e a sua fisiologia".[30] Daí o célebre preceito, que o *Discurso sobre a poesia dramática* introduz, e o *Paradoxo sobre o comediante* aprofunda. Para que a física própria dos corpos apareça em cena, as atrizes devem se manipular a si mesmas, como se fossem "marionetes".[31] Esses termos podem parecer pejorativos, implicando que os atores seriam os fantoches que uma força externa a eles manipula. Mas são eles mesmos

---

enciclopedista dá a entender que essa expressão é, ela mesma, um prazer à parte.

29 Ver Franklin de Mattos, "Enorme, bárbaro, selvagem: Diderot e o drama", em Diderot, *Discurso sobre a poesia dramática*, p.21.
30 Ibid.
31 Marie-Irène Igelmann, "La Métaphore du mannequin chez Diderot", em Aurélia Gaillard; Marie-Irène Igelmann (orgs.), *Diderot et les simulacres humains: mannequins, pantins, automates et autres figures*, p.112.

que se põem como autômatos. Para expressar a força das paixões de maneira enérgica, cindem-se em corpo e alma, e, projetando-se para fora de si mesmos, veem-se como máquinas, à maneira de substâncias extensas contempladas e atuadas por uma contraparte espiritual. O dualismo como ficção.

Ficção necessária, acrescentemos, pois sem a imitação, ou o acréscimo da forma, a natureza, tal como dada no corpo do ator, é similar a uma "cacofonia": "Não é que a natureza não tenha seus momentos sublimes, mas penso que, se há alguém que pode apreender e preservar a sua sublimidade, é aquele que os pressentiu com a sua imaginação ou o seu gênio e os traduziu a sangue-frio".[32] Se antes a arte imitava a natureza, apoderando-se da sua regra e aperfeiçoando, e o objeto artístico podia reclamar para si uma "objetividade" tão essencial quanto a de seus modelos naturais, agora, a imitação tem outra finalidade, agradar aos sentidos de quem a realiza e de quem contempla o seu objeto. Quanto a esse ponto, a diferença entre a natureza e a arte é temporal e espacial, pois se trata de concentrar em limites determinados o que se dá espontaneamente de maneira esparsa.

> O que seria da tão admirada magia da arte, se ela, no entanto, se reduzisse a estragar o que a natureza bruta e um arranjo fortuito fizeram melhor? Mas negará que embelezamos a natureza? Nunca elogiou uma mulher dizendo que era bela como uma Virgem de Rafael? À visão de uma bela paisagem, nunca disse que ela era romanesca? Além disso, você fala de uma coisa real, e eu, de uma imitação; você fala de um instante fugidio na natureza, e eu, de uma obra de arte, projetada, executada, que tem um progresso e uma duração

---

32 Diderot, "Paradoxe sur le comédien", em *Œuvres complètes*. Org. H. Dieckmann, J. Proust, J. Varloot, v.20, p.63.

próprios. Se tomar cada um de seus atores e pedir que encenem na rua o que fazem no teatro, mas mostrando os personagens em sucessão, isolados, dois a dois, três a três, entregues aos próprios movimentos, senhores absolutos de suas próprias ações, verá que estranha cacofonia não resulta. Para consertar esse defeito, peça que repitam a cena em conjunto: adeus à sua sensibilidade natural, e tanto melhor que seja assim.[33]

A arte imita a natureza expondo, por assim dizer, o que ela tem de melhor: o belo ideal é um ótimo de sensação. Mas isso não é tudo. A arte fornece, ainda, as lentes pelas quais a relação do espectador com o mundo à sua volta será determinada: a paisagem romanesca, a virgem rafaelesca, e assim por diante. A arte é a gramática da natureza, dá um significado a sensações que, de outra maneira, permaneceriam vagas, fugidias, obscuras. Com isso, a sensibilidade natural é, efetivamente, substituída por uma nova, melhor que ela, artificial em sentido pleno.

Mas, então, põe-se a questão de saber se o artifício que consagra a superação da natureza em nome do prazer do animal humano não traria a desnaturação da sensibilidade.

— Mas esse modelo ideal não seria uma quimera? — Não. — Mas, se é ideal, ele não existe; ora, não há nada no entendimento que não tenha estado na sensação. — É verdade. Mas tomemos uma arte em suas origens, a escultura, por exemplo. Ela copiou o primeiro modelo que se ofereceu. Viu em seguida que havia modelos menos imperfeitos, que ela preferia. Corrigiu os defeitos grosseiros destes, depois, os menos grosseiros, até que, com muito trabalho, chegou a uma figura que não era mais natureza. — E por que não? — Porque

---

33 Ibid., p.63-4.

é impossível que o desenvolvimento de uma máquina tão complexa quanto um corpo animal seja regular. Vá às Tulherias ou aos Campos Elíseos num belo dia de festa, observe as mulheres que lotam as alamedas, e não encontrará uma única que tenha os dois cantos da boca perfeitamente similares.[34]

Diderot sugere com isso que a "bela natureza", tão admirada pelos clássicos, não é mais que uma *contrafação* do natural.[35] Poderia ser diferente? Como imitar, sem falsificar? A natureza atinge um grau de complexidade que a arte não acompanha. Essa circunstância, que do ponto de vista conceitual assinala uma insuficiência, adquire, do ponto de vista estético, a qualidade de uma virtude. Pois uma coisa é constatar que os cantos das bocas de duas moças nunca são iguais e inferir disso que tudo na natureza é irregular; outra, muito diferente, é se dar conta de que essa irregularidade disfarça uma regularidade que a magia da concentração formal vem desvelar. O fazer espontâneo dá lugar à consciência das regras, que levam a expor a natureza como forma artística, diremos já, *desnaturada*. O ator-máquina como esquema do ser vivo orgânico; o drama moderno como sucedâneo da oratória clássica. São constatações desconcertantes, que Diderot oferece ao século.

---

34 Ibid., p.84-5.
35 Sobre o elogio da contrafação em Diderot, ver Ana Portich, *A arte do ator entre os séculos XVI e XVIII*, p.xxi.

10.
A lei do desejo[1]

"A atividade sexual da reprodução é comum aos animais sexuados e aos homens, mas, aparentemente, apenas os homens fizeram de sua atividade sexual uma atividade erótica, ou seja, uma busca psicológica independente do fim natural dado na reprodução e no cuidado com os filhos."[2] Publicado em 1957, o ensaio de Bataille sobre *O erotismo* provoca-nos com sua *inatualidade*. Tudo repousa, nesta passagem, sobre a cláusula "os homens", utilizada para excluir outros "animais sexuados" e excludente, é claro, "das mulheres" (e outrxs) como se a gramática do gozo fosse, por definição, masculina. Uma leitura como essa, embora redutora, é possível e talvez até necessária. Mas é sempre possível ler um texto não como se ele versasse sobre "as coisas", mas aludindo a elas, sem definir o que sejam, a partir da remissão a outros textos: como se ele não existisse sem esta referência *literária*. Munidos dessa advertência,

---
1 O título vem do filme homônimo de Pedro Almodóvar, de 1986 – como fez notar Janaina Namba ao ler uma primeira versão deste texto.
2 Georges Bataille, *O erotismo*. Devo a Fernão de Oliveira Salles a referência a esse ensaio.

poderemos pensar, por exemplo, que Bataille *parece* estar se referindo a uma experiência ("sexual"), quando, na verdade, essa referência é tópica, isto é, pressupõe para um repertório de argumentos previamente elaborados acerca do prazer e do desprazer. "Do erotismo, é possível dizer que é a provação da vida até na morte", tais são as palavras que abrem o livro e levam à passagem que acabamos de citar. Se a expressão "erotismo" é a cifra de uma experiência determinada, de vida e morte, prazer e desprazer, fruição e carência, então, desde o início, a questão se põe em referência ao "corpo", e mesmo o prazer dito "intelectual" ou a elevação "mística" terão de ser referidos a essa instância. Em certo sentido, o ensaio de Bataille é um exercício de circunscrição não tanto de um objeto chamado "corpo" quanto de um domínio da experiência, que é, precisamente, o *efeito* dos sentimentos referidos. Falar em prazer e desprazer, como faz Kant, por exemplo, não pressupõe a existência de algo como um corpo, e, ademais, uma alma. Bataille fala em "busca psicológica", de um corpo que, feito de prazer e desprazer, é movido pela presença intrínseca e inescapável dessa sensação dual. Por isso, a própria ideia de um corpo em geral é problemática, circunstância que tem de ser levada em conta pela sua representação, caso esta se queira minimamente rigorosa.[3] Costuma-se encontrar a gênese desses problemas no século XIX. Propomos aqui, na esteira de Luiz Roberto Monzani, um recuo até a segunda metade do século XVIII – momento em que primeiro se articula uma interligação entre esses problemas.[4] Não queremos com isso sugerir que Diderot ou Condillac – nossos filósofos de predileção neste ensaio – teriam *esboçado* algo que

---

3 Eliane Robert de Moraes, *O corpo impossível: a decomposição da figura humana de Lautréamont a Bataille*.
4 Luiz Roberto Monzani, *Desejo e prazer na idade moderna*.

depois veio a ser desenvolvido e maturado. Seria no mínimo temerário lançar sobre esses homens tão sagazes a pecha da ingenuidade. Em vez disso, diremos apenas o seguinte: que, pela primeira vez e com uma lucidez desde então inigualada, eles souberam identificar, em certo uso da linguagem, as origens de uma mistificação dupla – psicológica e metafísica – relativa ao "corpo" como ente dotado de densidade ontológica. Sem propriamente criticá-la, puseram-se a elaborar uma especulação inteiramente diferente, que os conduziu à reflexão sobre o que chamaremos aqui, tomando de empréstimo a expressão de Lyotard, de "economia libidinal".[5] Ou, dando à expressão um sentido particular, a lógica da afirmação e da distribuição do prazer sexual na vida social.

***

"Viver, propriamente dizendo, é gozar, e a vida é mais longa para quem sabe multiplicar os objetos de seu gozo."[6] Essa frase de Condillac, escrita em 1758, marca a transição do culto das paixões ao cultivo da libertinagem. São sensibilidades distintas, senão opostas. Uma é marcada pela passividade do corpo que sofre e tem dificuldade para reagir ao que o afeta; a outra, pela ação de um corpo que reconhece em suas sensações o princípio mesmo da vida. No primeiro registro, a sensação vem de fora; no segundo, ela emana de dentro. Apesar dessas divergências, o último desses registros surge a partir do primeiro, em um paciente trabalho conceitual. Duas décadas antes de Condillac, a marquesa de Châtelet escrevera, no *Ensaio sobre a*

---

5 Jean-François Lyotard, *Économie libidinale*.
6 Condillac, *Tratado das sensações*, p.241; citado e comentado por Monzani, *Desejo e prazer na idade moderna*, cap.5.

felicidade, que, "para ser feliz, é preciso se convencer muito bem de que nada temos a fazer no mundo, além de buscar por sensações e sentimentos agradáveis".[7] Essas palavras tentam convencer o leitor de que há um prazer para além da libertação do jugo das paixões, um prazer positivo. Já os leitores de Condillac estão prontos para aceitar que o gozo (*jouissance*) é a própria vida em epítome – o que, de resto, os dispensa de se preocuparem com o significado dessa outra palavra, "vida", cujo sentido agora lhes parece evidente.

***

Mas o que se entende afinal por "gozo"? No dicionário *Littré*, publicado na segunda metade do século XIX, a primeira e mais geral acepção do termo traz: "Ato de gozar, satisfação intelectual e moral, ou sensual. *Os nobres gozos do espírito. Para ele, o trabalho é um gozo*"; ao que se segue um exemplo que nos interessa: "A paixão se enfraquece com o gozo, e o gozo é o termo do desejo".[8] O texto de Bonnet é de 1760. Conservador, permite medir a ousadia de Condillac, que não se refere a paixões e tampouco ao desejo: a equação entre gozo e vida se sustenta por si só. Quanto ao *Littré*, surpreende pela maneira recatada da definição: as satisfações vêm em ordem decrescente (intelectual – moral – sensual) e apenas as duas primeiras são ilustradas com expressões. O exemplo de Bonnet supre essa lacuna pela via negativa, como se o gozo sensual fosse a mera extinção do desejo, essa paixão que consome o espírito (e o desvia dos gozos de ordem intelectual e moral).

---

7 Citado por Élisabeth Badinter, *Émilie, Émilie: a ambição feminina no século XVIII*, p.22.
8 Charles Bonnet, *Essai analytique sur les facultés de l'âme*.

A entrada pudica que estamos comentando pode ser lida como uma resposta tardia ao verbete "Gozo", de Diderot, ignorado por *Littré*. Encontra-se no volume 8 da *Enciclopédia*, posterior a Condillac e a Bonnett, embora, provavelmente, tenha sido redigido entre 1757 e 1758:

> Gozo (*Gramática, Moral*). *Gozar* é conhecer, provar, sentir as vantagens de possuir. Com frequência possuímos sem gozar. De quem são estes magníficos palácios? Do soberano. Quem plantou estes jardins imensos? O soberano. Quem desfruta deles? Eu.
>
> Deixemos para outros esses palácios magníficos que o soberano construiu, esses jardins encantadores por onde ele nunca passeia, e detenhamo-nos na volúpia que perpetua a cadeia dos seres vivos, à qual consagramos a palavra *gozo*.
>
> Entre os objetos que a natureza oferece em toda parte a nossos desejos, dizei-me, vós que tendes alma, se haveria algum mais digno de vossa busca, cuja posse e gozo poderiam vos tornar tão feliz, quanto o ser que pensa e sente como vós, que tem as mesmas ideias, que prova o mesmo calor, que experimenta os mesmos transportes, que estende seus braços ternos e delicados em direção aos vossos, que vos abraça e cujas carícias serão seguidas da existência de um novo ser, que, por sua vez, será semelhante a um de vós, que desde os primeiros movimentos procurará vos enlaçar a ambos, que criareis ao vosso lado, que amareis juntos, que vos protegerá em vossa velhice, que vos respeitará ao longo da vida, e cujo nascimento feliz já fortaleceu o laço que vos unia?
>
> Os seres brutos que nos cercam, insensíveis, imóveis, privados de vida, podem servir à nossa felicidade, mas não estão cientes disso e não a compartilham conosco. O gozo que nos propiciam, estéril e destrutivo, é insuficiente para reproduzi-los.
>
> Se um homem pervertido se ofendesse com o elogio que faço da mais augusta e mais generalizada das paixões, eu convocaria diante dele a Natureza, daria a ela uma voz, e ela diria: por que enrubesceis

ao ouvir pronunciado o nome de uma volúpia que não vos enrubesce quando a experimentais na sombra da noite? Acaso ignorais qual é a sua finalidade, e o que deveis a ela? Ou acreditais que vossa mãe teria exposto sua vida para vos dar uma, se eu não tivesse acrescentado um encanto inexprimível aos abraços de seu esposo? Calai-vos, infeliz, e saibais que o prazer é que vos tirou do nada.

A propagação dos seres é o grande objetivo da natureza. Ela solicita-o imperiosamente de ambos os sexos, tão logo tenham recebido o que lhes destinou de força e beleza. Uma inquietude vaga e melancólica adverte-os quanto ao momento; o estado deles é um misto de sofrimento e prazer; então, eles dão ouvidos aos seus sentidos e dirigem-se um para o outro, com deliberação. Um indivíduo apresenta-se diante de outro da mesma espécie e de sexo diferente: então, suspende-se o sentimento de toda outra necessidade, o coração palpita, os membros tremem, imagens voluptuosas erram no cérebro, torrentes de espíritos correm pelos nervos e os irritam, dirigindo-se à sede de um novo sentido, que se pronuncia, e que incomoda. A visão é perturbada, o delírio é despertado, a razão, escrava do instinto, limita-se a servi-lo, e a natureza está satisfeita.

Foi assim que as coisas se passaram no nascimento do mundo, e é assim que continuam a se passar no âmago das profundezas do selvagem adulto.

Quando a mulher começa a discernir, quando parece ponderar sua escolha, e, entre os muitos homens pelos quais passa o seu olhar, guiado pela paixão, há um que o prende, que ela imagina ser o de sua preferência, um coração que parece merecer a mesma estima que ela tem pelo seu próprio, que lhe promete o prazer como recompensa de um mérito; quando os véus com que o pudor cobre os encantos deixam à imaginação inflamada o poder de dispor deles à vontade, então as ilusões mais delicadas concorrem com o sentido mais refinado para intensificar a felicidade, a alma é tomada por um entusiasmo quase divino, dois jovens corações, exaltados de amor, devotaram-se um ao outro para sempre, e o céu ouve as primeiras juras indiscretas.

Quantos momentos felizes não tem o dia, antes do instante em que a alma inteira mergulha e se perde na alma do objeto amado! Gozaram-se os momentos em que se esperava por esse instante. Mas a entrega, o tempo, a natureza e a liberdade das carícias conduziram ao esquecimento de si mesmo. Jurou-se, depois de se ter provado a última gota de embriaguez, que não haveria outra que pudesse se lhe comparar. E é isso mesmo o que acontece, toda vez que se utilizam órgãos sensíveis e viçosos, em que há um coração terno e uma alma inocente que ainda não conhece a desconfiança ou o remorso.[9]

Leo Spitzer comentou esse texto no ensaio "The Style of Diderot", mostrando a imbricação entre conteúdo e forma, doutrina e estilo.

Após a definição inicial da palavra *"jouissance"*, temos a descrição de um caso particular de gozo (*enjoyment*), o gozo sexual, tal como atua no homem, esse ser condicionado psíquica e fisiologicamente, que serve aos propósitos da Natureza. Embora Diderot utilize expressões pertencentes à terminologia técnica da fisiologia e da psicologia de sua época (e, também, na maioria dos casos, da nossa), como *"sens"*, *"attention"*, *"réfléchie"*, *"esprits"*, *"nerfs"*, *"instincts"*, *"passion"*, *"imagination"*, *"illusions"*, *"organes sensibles"* etc., o que temos aí é um quadro poético de uma realidade de fato, o ato sexual. Por se tratar de um ato que nossa civilização tem dificuldade de descrever, por causa do sentimento que ele provoca, de uma incongruência

---

9 Diderot, "Gozo (*Gramática, Moral*)", em Diderot; D'Alembert, *Enciclopédia, ou Dicionário razoado das ciências, das artes e dos ofícios*, v.5, p.64-6.

entre os dados positivos e as suas implicações, Diderot poetiza os primeiros e os transfigura.¹⁰

Mesmo a poetização de Diderot deve ter parecido excessivamente explícita para *Littré*, se levarmos em conta, com Spitzer, que, na prosa de Diderot, "o sentimento é simbolicamente traduzido pelo ritmo da linguagem", que pulsa com "o ritmo fisiológico do momento erótico", aproximando perigosamente o texto de um ato que, dentro de certos limites, ele descreve de maneira quase mimética.¹¹ Spitzer acrescenta que a ideia geral de gozo, ou o "protótipo" de todas as ideias particulares (intelectuais, morais ou sensuais), é a do gozo erótico. Não é pouca coisa, levando-se em conta que, num dicionário, e, ainda mais, num "dicionário razoado", o protótipo ou ideia geral é o material do qual se extrai a própria definição da palavra.

Ora, se Spitzer tem razão, a definição de felicidade da marquesa de Châtelet, relida à luz de Diderot, nos levaria à ideia de que ser feliz é buscar o prazer sexual; enquanto a frase de Condillac poderia significar que o prazer sexual intensifica a sensação que um corpo tem de estar vivo e tende a prolongar essa existência sensível. Constitui, em suma, um bem considerável, senão o sumo bem.

***

Uma circunstância que não é observada por Spitzer vem reforçar essa leitura. Os primeiros parágrafos do verbete aludem à abertura ao opúsculo de La Mettrie, *L'Art de jouir*

---

10 Leo Spitzer, "The Style of Diderot", em *Linguistics and Literary History: Essays in Stylistics*, p.139.
11 Ibid., p.139-40.

(1751), redigido no registro da louvação panteísta. A epígrafe dessa pequena obra-prima é extraída de Lucrécio – *Et quibus ipsa modis tractetur blanda Voluptas* – e dá o tom da discussão de La Mettrie, estando presente, também, no fundo do pensamento de Diderot: "A volúpia tem uma escala, como a natureza".[12] A citação de Lucrécio é extraída dos versos 1262-3 do livro 4: "E também é de grande importância, no que diz respeito ao processo da geração, a maneira como se realiza a branda volúpia". As linhas que sucedem oferecem um pequeno tratado de técnicas sexuais, a partir da prescrição do que *não* deve ser feito.[13] A ideia é perfilar a tendência do desejo à tendência da natureza, isto é, o movimento de corpos particulares ao movimento geral dos corpos. Que se pense em termos de velocidade: um corpo sobre o qual atue um desejo excessivamente forte projeta-se à frente de outros que ele, no entanto, teria de acompanhar, inclusive para o seu próprio bem (ou para que o seu gozo não seja fugaz). A mesma questão poderia ser posta em analogia com a trajetória dos corpos. E assim por diante.

A ideia de que a volúpia encontra sua própria medida foi desde sempre contestada. Ouçamos o cético de Cícero no *De finibus*. "Toda gente entende por prazer os estímulos que recebemos dos sentidos, que nos afetam e provocam em nós uma sensação deliciosa."[14] Definição vaga, que o filósofo cético torna mais precisa, ao dizer: "Toda a gente se refere àquela sensação agradável que recebemos dos sentidos, e a que se dá o nome de *édoné* em grego e *voluptas* em latim".[15] A sensação deliciosa ou agradável é associada a um termo técnico da

---

12 La Mettrie, *L'Art de jouir*, p.17, 43.
13 Lucrécio, *Da natureza das coisas*, p.263.
14 Cícero, *De finibus*, II, 7, p.291.
15 Ibid., II, 8, p.291-2.

filosofia grega, que o cético traduz em latim. Essa operação contribui para fixar no interior da língua um significado constante ao qual ideias particulares variadas poderão ser remetidas. O epicurista percebe a manobra, e tenta resistir a ela: "Então tu achas que Epicuro ignorava esse tipo de prazer?", só porque, supostamente, não o define nesses termos? Ao que o cético responde: "Nem sempre, às vezes até o conhecia bem demais, quando declarava não entender onde podia sequer existir algum bem senão o que provém do gozo que sentimos ao comer, ao beber, ao ouvir música ou ao fazer sexo. Ou será que ele nunca disse isso?" O epicurista: "Até parece que devo envergonhar-me de tais afirmações, ou que não sou capaz de explicar em que sentido ele disse o que disse!"[16]

***

Vergonha talvez não seja bem a palavra, porque o cético que contesta ao epicurista o seu direito à libertinagem tem em vista outro sentimento, muito mais ameaçador, pois não tem a ver com as convenções sociais, está enraizado na natureza humana: a inquietação, que ele vê como alto preço a ser pago pelo desfrute do prazer. A apologia do gozo abre o caminho que leva ao "país das quimeras" – na expressão que Julie emprega na *Nova Heloísa*.

> Triste daquele que nada mais tem a desejar! Ele perdeu, por assim dizer, tudo que possuía. O gozo do que foi obtido não é tão grande quanto o do que esperamos obter, e só somos felizes nessa expectativa. Com efeito, o homem limitado e ávido, feito para querer muito e ter pouco, recebeu do céu uma força consoladora que aproxima de si todas as coisas que ele deseja, que as submete à sua

---

16 Ibid., II, 7, p.291.

imaginação, que as torna presentes e sensíveis, que as entrega a ele, e que, para tornar essa propriedade imaginária ainda mais deliciosa, as modifica conforme à sua paixão. Mas todo esse prestígio desaparece, diante do objeto mesmo. Nada poderia torná-lo tão belo aos olhos daquele que o possui, não consegue figurar o que vê, a imaginação não adorna o que se tem, a ilusão desaparece tão logo o gozo começa. Num mundo como esse, o país das quimeras é o único digno de ser habitado, e a nulidade das coisas humanas é tamanha que, para além do Ser que existe por si mesmo, não há nada que seja belo, exceto pelo que não existe. Se esse efeito nem sempre se verifica em relação aos objetos particulares de nossas paixões, ele é infalível no sentimento comum que compreende a todas. Viver sem a dor não é um estado humano; viver assim é estar morto. Aquele que tudo pudesse sem ser Deus seria uma criatura miserável, estaria privado do prazer de desejar, toda outra privação seria menos insuportável.[17]

Essa passagem gira em torno de um paralogismo que é construído a partir de uma ambiguidade, relativa à própria ideia de "gozo" (*jouissance*), que Rousseau deliberadamente trata como posse, no sentido jurídico, e como desfrute, no sentido físico. É verdade, a posse jurídica pode ser e muitas vezes é definida como a extensão de um desfrute do corpo, mas, na passagem de um sentido a outro, seria de esperar que fossem reciprocamente delimitados, como ocorre na *Enciclopédia*, onde *gozo*, em sentido moral, não se confunde com *gozo* em acepção jurídica (menos ainda se reduz a este). Misturando as duas ideias, Julie pode avançar a tese – pois se trata de uma demonstração – segundo a qual o prazer maior está na expectativa, em

---

17 Rousseau, *Julie ou La Nouvelle Héloïse* (1761), 6ª parte, Carta 8.

relação à qual a "posse" representará sempre uma frustração. O corolário: o gozo amoroso se realiza plenamente à distância.[18]

Essas considerações, até pela sua frieza, não parecem suficientes para aplacar a volúpia contra a qual elas se dirigem. Não nos esqueçamos: a mesma Julie chega a engravidar, e as cartas de St. Preux após os encontros sexuais entre eles são verdadeiros hinos ao gozo físico. No plano estilístico, da composição do texto por Rousseau, a menção do gozo físico no discurso de Julie parece dar à ideia uma realidade sensível, levando a personagem a sentir, com suas palavras, uma ânsia pela experiência que o raciocínio tem o intuito de conjurar. Com isso, fica garantida a coerência da peroração como um todo: pois, agora, privados da consumação física da volúpia, os amantes podem se sentir mais humanos (e nós leitores com eles), sem ter, para tanto, de se entregarem a Deus (como inevitavelmente fariam, se levassem a termo seus desejos). A regulação que a personagem de Rousseau tem em vista quer retirar os amantes do ciclo da natureza e inseri-los no da moral, onde eles poderão ser realmente felizes, pois, agora, apesar da dor da ausência do outro, não terão de se haver com o desprazer que acompanha a satisfação da volúpia. Não esqueçamos: a *Nova Heloísa* foi publicada em 1761, quatro anos antes do verbete "Gozo", que, escrito por volta de 1758, mas surgido apenas em 1765, responde a ela diretamente.

***

---

18 Somos tentados a reconhecer aí um lugar-comum agostiniano comentado por Alain Grosrichard, *Estrutura do harém: despotismo asiático no Ocidente clássico*, p.208: "a concupiscência só pode levar à conjunção, caricatura da união. Em compensação, duas almas vivificadas pelo amor se unem perfeitamente". Escritas em 1979, essas páginas antecipam as de Foucault no volume 4 da *História da sexualidade*.

O gozo sexual concebido por Diderot pode até ser um bem em si, mas não se basta por si mesmo, é governado por uma finalidade exterior a ele: insere-se, precisamente, no ciclo natural repudiado pela heroína de Rousseau. Voltemos a Spitzer: "A ideia é que a Natureza alcança o seu fim, a propagação da espécie humana, anuviando a razão do homem imediatamente antes do ato da procriação".[19] Essa lei que o governa de fora tampouco o esgota como experiência. Spitzer acrescenta: "do ponto de vista dos amantes, tudo o que existe é o saciamento da sua natureza, de sua natureza animal; do ponto de vista teleológico, o objetivo da Natureza foi alcançado", o que nos assegura da existência de "uma ordem benigna do mundo".[20] Spitzer está a um passo de identificar "ecos agostinianos" no texto desse materialista resoluto.

Diríamos, ao contrário, que a ideia de uma ordem benigna do mundo surge, precisamente, dos corpos saciados com a satisfação de seu desejo sexual, que, de resto, não se esgota, como Diderot e seus leitores estão perfeitamente cientes, no ato da reprodução: vai além, pois as pessoas aprendem a encenar o ritual que leva à realização dos objetivos da natureza sem que, contudo, estes sejam de fato realizados. A volúpia, e o gozo que a realiza, são, muitas vezes, independentes da reprodução. Como reconhece o próprio Spitzer, a "emoção divina" que se apodera dos amantes é o que os leva a "evocar os céus em sua proteção", uma espécie de entusiasmo que deriva do prazer pleno da satisfação sexual — que é o protótipo da própria sensação de se estar vivo e de se viver intensamente bem. Responder aos fins da natureza nada mais é que permanecer vivo, tendo gosto pela vida: a reprodução é parte dessa experiência,

---

19 Spitzer, "The Style of Diderot", op. cit., p.142-3.
20 Ibid., p.143-4.

e o ato que a possibilita, também (ato que, escusado lembrar, mesmo quando voltado para um fim, não se esgota na penetração). Nesse sentido, os epicuristas têm razão: o prazer sensível é o sumo bem.

***

Uma tensão percorre o verbete de uma ponta a outra, entre o mundo selvagem e o civilizado, "foi assim que as coisas se passaram no nascimento do mundo, e é assim que continuam a se passar no âmago das profundezas do selvagem adulto". Essa afirmação é o pano de fundo de uma cena que muda. Com a aquisição da deliberação pela mulher, que recusa a "cegueira e o automatismo do impulso sexual", institui-se uma relação saudavelmente desigual, e, agora, a realização dos atos sexuais é condicionada pela deferência do homem, que deve fazer a corte à mulher, seduzindo-a, isto é, convencendo-a de que ele e não outro é o seu melhor parceiro. O desejo da mulher dá a medida daquele do homem, e, ao ditar os termos em que a sedução poderá acontecer, determina também a qualidade do gozo sexual como experiência fisiológica. Para começar, os amantes não se encontram mais nus, estão vestidos, e a vestimenta, como nota Spitzer, acrescenta um novo elemento à sedução (bem como ao ato: para consumá-lo, os amantes terão de despir um ao outro). O corpo vestido é um corpo artisticamente ornado: graças às medidas instituídas pela mulher, a humanidade deixa o estado selvagem e entra na civilização, pois, agora, muda o próprio objeto do desejo.

Essa figuração evoca diretamente a célebre imagem dos *Pensamentos sobre a interpretação da natureza*, quando, no aforismo 12, em que a personagem do título é pintada como "uma dama que adora se travestir, e cujos diferentes disfarces revelam ora uma parte ora outra, dando a esperança, aos seus admiradores mais assíduos, de que um dia ela se mostre por inteiro".²¹ Mas, como poderia uma mulher se exibir por inteiro? Como observa Élisabeth de Fontenay, mesmo no ato da penetração, o homem se mostra, a mulher esconde o que o aguarda, e só revela o seu segredo quando o fruto começa a se insinuar pela dilatação visível do abdômen.²² Ou, se quisermos, em outra formulação: mesmo quando os corpos estão inteiramente despidos e tudo parece visível, é preciso tatear e descobrir pela experiência o que dá e o que intensifica o prazer. Ainda que se pudesse ver tudo, o entendimento jamais abarcaria todas as possibilidades de gozo, que podem se esconder nos lugares mais inusitados. A esperança de que a natureza se mostre por inteiro é, portanto, vã, em ampla medida. O entendimento humano se empenha ao máximo para abarcá-la em toda a sua extensão e profundidade, sem, no entanto, ir além de alguns relances. À medida que se lê o opúsculo de Diderot, percebe-se que a fertilização se dá na direção inversa, é a natureza que penetra e frutifica os órgãos da sensação, que então produzem seus pequenos, porém belos, rebentos.

Portanto, a volúpia que é a sede de conhecimento tem, necessariamente, de ser dosada, pois o seu ímpeto, deixado a si mesmo, é estéril. A natureza só se mostra produtiva quando tem espaço para agir sobre o observador. "Por que o meu olho não penetra a imensidão dos espaços eu deixaria de abri-lo para os objetos ao meu redor? Estes serão uma fonte inesgotável de volúpia, se eu souber como escolher entre desfrutá--los e negligenciá-los."²³ E, no mesmo verbete, um pouco mais

---

21 Diderot, *Pensamentos sobre a interpretação da natureza*.
22 Élisabeth de Fontenay, *Diderot ou le matérialisme enchantée*, p.119.
23 Diderot, "Epicurisme", em Diderot; D'Alembert, *Encyclopédie*, v.V, p.783.

à frente: "O naturalista que mantém o olho preso à extremidade do instrumento que amplia um objeto em particular não tem como desfrutar do espetáculo geral da natureza ao seu redor".[24] O desejo que precede ao gozo e leva a ele é objeto de uma técnica, derivada de um aprendizado sensível, que o regula, adequando expectativas e fornecendo uma medida a certas paixões que, de outro modo, poderiam reduzir o naturalista enamorado a um estado de dependência e submissão. O estudo da natureza não deixa de ser um aprendizado para o bom comportamento, em matéria de volúpia sexual. Deixando-se saciar pelo conhecimento parcial das coisas, o naturalista adquire uma frugalidade, o que torna o seu prazer mais certo, constante e duradouro. A saciedade sexual nunca é completa, demanda sempre uma renovação, exatamente como o conhecimento da natureza: a felicidade consiste em saber administrar essa exigência, sem que ela se torne a fonte de uma inquietação.

É um ponto delicado, que motivou um comentário de Jean Starobinski:

> Diderot evoca Diógenes a propósito do "órgão indócil" e da independência que o ser racional quer conservar em relação ao desejo sexual e de sua manifestação fisiológica. Para falar na língua de Bordeu, *o centro* se protege contra as reações autônomas da *periferia*. Mas estas são esperadas: elas pertencem à ordem natural das coisas. Não há por que escondê-las, desde que o indivíduo permaneça senhor de sua vontade.[25]

Mas o "ser racional" em questão, se leitor de Diderot, sabe que sua razão é relativa a um instinto, e que as demarcações

---

24 Ibid., p.784.
25 Jean Starobinski, *Diderot: un diable de ramage*, p.208.

entre centro e periferia não são tão claras como é sugerido pela explicação de Starobinski. Tornar-se "senhor de sua vontade" é a um só tempo menos do que controlar os instintos e, também, mais do que isso, apoderar-se de sua tendência e de seu fluxo, inserindo-se neles.

* * *

Por não ser governado por uma instância superior, como a razão ou a vontade, esse processo embute riscos consideráveis. A fisiologia animal, embora governada por leis tão regulares quanto as do movimento dos corpos, é em grande medida imprevisível. Por mais bem conhecida que seja, tem variações circunstanciais, e estas põem toda sorte de obstáculo à deliberação individual. Para Diderot, a ideia de "mulher", ou do "sexo feminino", tomada como operador filosófico, oferece o modelo da patologia sexual humana, pois se refere a um animal mais sensível e menos racional que aquele denominado pela ideia de "homem". Por estar mais próximo da natureza, o animal feminino é também mais robusto e menos suscetível à desnaturação racionalista que conduz ao delírio metafísico da razão masculina, que, pretendendo-se desvinculada do corpo do qual é uma função, delira, e quer tudo conhecer e determinar.

O ensaio de Diderot "Sobre as mulheres"[26] traz considerações preciosas sobre o valor positivo da histeria como afecção patológica do útero. Diderot entende a doença no contexto social em que ela ocorre. Assim, na Grécia, a sacerdotisa de Delfos não poderia ser substituída por um homem, pois era precisamente graças ao furor de sua imaginação que ela podia se tornar porta-voz de uma divindade. Pensemos também nas

---

26 Diderot et al., *O que é uma mulher: um debate*.

virgens vestais, que guardavam os decretos sagrados das leis romanas. Em ambos os casos, a ligação com o sobrenatural é garantida pela pertença ao natural, a posse do útero como privilégio. Para Diderot, isso garante à mulher, mais do que o acesso a certas posições na hierarquia dos saberes, o direito de definir por conta própria uma ideia de identidade pessoal, subvertendo com firmeza e deliberação o papel que lhe é dado a partir da definição de seu gênero. Sabine Arnaud explica com maestria o que está em questão no texto de Diderot:

> Em seu delírio, a mulher histérica retorna ao próprio passado e projeta-se à frente, no futuro, pois, para ela, ambos estão no presente. O útero é a fonte de um fluxo e refluxo que está na origem de uma relação com o tempo que se dá em seu próprio corpo. Ignorando toda continuidade, ela passa por tensões, atrações, expectativas e impaciências. No auge da histeria, ela alia a intensidade de sua emoção à radicalidade de seu posicionamento. Sua aptidão à transformação a lança num movimento de permanente redefinição de si mesma. Ela aborda o mundo com intensidade e desejo. Em suas interações, esconde-se tanto quanto se mostra. Tenta, incessantemente, desligar-se de seu próprio, para refazê-lo a partir de um novo código.[27]

Por certo, poderíamos ver aí uma visão idealizada ou ingênua de certas patologias reais e não tratadas, como a epilepsia e tantas outras que a medicina, dos gregos até nossos dias, insiste em atribuir a uma nebulosa "condição feminina". É o que

---

27 Sabine Arnaud, *On Hysteria: The Invention of a Medical Category between 1670 & 1820*, p.151. "Histeria" é um termo geral a que corresponde "Mania" na *Enciclopédia*, denominação que engloba uma gama de diferentes "patologias da alma". Ver Ménuret de Chambaud, "Manie", em Diderot; D'Alembert, *Encyclopédie*, v.X, p.31-4.

Jean-Christophe Abramovici chama de "mistificação do feminino" ou "imaginária da mulher".[28] O que não surpreende, se lembrarmos que o escrito em que essa passagem ocorre é, como observa Élisabeth Badinter, marcado por uma cumulação de lugares-comuns sobre a passionalidade feminina que levaria, inclusive, à destruição das qualidades intelectuais de indivíduos do chamado "belo sexo".

Mas não esqueçamos que a figura da mulher nesse escrito é tão real quanto a Julie de Lespinasse imaginada por Diderot ou tão imaginária quanto a Sophie de carne e osso que ele conhece. A histérica que fascina o filósofo é um *leitmotiv* de reflexão no qual se condensam as tensões inerentes aos processos fisiológicos e que contém em si, durante um intervalo de tempo, a natureza inteira como processo físico-material, oferecendo a *imagem* de uma ordem que sua razão não consegue conceber. No corpo histérico, a violência do furor se confunde com a força com que a mulher subitamente se põe como sujeito ativo, recusando-se a ser um objeto passivo da afecção patológica: impõe-se como símbolo de algo que ultrapassa toda expectativa da imaginação do médico que a observa. Entendemos agora que, quando a *Enciclopédia* opõe o furor uterino e o priapismo, como fenômenos equivalentes, a correspondência é, na verdade, imperfeita, pois, enquanto a fúria do apetite sexual transforma a mulher em um agente ingovernável pelos homens, o priapismo torna o homem passivo, escravo de uma paixão que o controla de fora.[29] Se, para a prática médica, a histeria e o furor uterino são um problema, pois ferem o

---

28 Ver Jean Christophe Abramovici, *Les Histériques en attendant Freud*, p.6.
29 Ver D'Aumont, "Fureur uterine", em Diderot; D'Alembert, *Encyclopédie*, v.VII, p.378-80; Jaucourt, "Priapisme", em ibid., v.XIII, p.358-9; e, ainda, Jaucourt, "Satyriase", em ibid., v.XIV, p.704.

decoro social cuja preservação é uma das metas da medicina, o filósofo diderotiano interpreta o fenômeno positivamente e reconhece a sua densidade própria – postulando, assim, os limites de sua própria razão.

Em certo sentido, a histeria, na representação parcial de Diderot, é um modelo para a compreensão da maleabilidade dos gêneros. Em termos naturais, eles são fixos: em seu estado atual, que, como insiste Diderot em *O sonho de D'Alembert*, não permite adivinhar o passado e muito menos o futuro, a natureza precisa da relação binária para poder se perpetuar entre a grande maioria dos animais, incluindo o humano. Este, por sua vez, reforça essa fixidez, instituindo na vida social relações jurídicas que passam pelo contrato do casamento, fundamental à manutenção do direito de propriedade. Mas essa fixidez oscila no domínio das práticas sexuais, ou, se quisermos, das técnicas do corpo que permitem a sua subjetivação, ou a sua autonomia em relação aos fins extrínsecos ao seu prazer, sejam eles naturais ou jurídicos. Diderot refletiu sobre essas práticas e as adotou para si. A propósito das relações entre o filósofo e Sophie de Volland, observa Michel Delon que "a profundidade do sentimento de Diderot por Sophie está ligada à androginia desta: *Quando quer, minha Sophie é mulher e homem*, mulher por sua sedução, homem por seu espírito".[30] Andrew Curran, por seu turno, nota a ambiguidade dos sentimentos entre Diderot e Grimm, seu amigo mais próximo. Esse homem-fêmea e essa mulher-macho seriam as duas faces de um mesmo organismo ideal, ilustrado pela figura do "hermafrodita".[31] Faz sentido indagar, com Delon, se a ilusão de que todo parceiro é no fundo um pouco ou muito diferente do que a identidade sexual dá a

---

30 Michel Delon, *Diderot: le cul par-dessus tête*, p.259.
31 Andrew S. Curran, *Diderot e a arte de pensar livremente*, p.228-32, 241.

entender não é essencial à concepção diderotiana do gozo erótico, dado que, na segunda metade do século XVIII, há "uma necessidade de alterações da identidade sexual".[32]

Ouçamos agora o que tem a dizer esta outra Julie, personagem de Diderot calcada na senhorita de Lespinasse, "amiga" de D'Alembert, que figura em *O sonho de D'Alembert*: "ocorre-me esta ideia tola... de que o homem talvez seja uma mulher aberrante (*monstrueuse*), e uma mulher, um homem aberrante".[33] O dr. Bordeu comenta:

> Bordeu: — Essa ideia teria lhe ocorrido antes, se soubesse que a mulher possui todas as partes do homem. A única diferença é que nela a bolsa é revirada para dentro, e no homem, para fora. O feto feminino é tão similar ao masculino que nos confunde. A parte que dá margem ao erro afunda, à medida que a bolsa interior se estende, mas não desaparece a ponto de perder sua forma inicial. Guarda essa forma em tamanho reduzido. Essa parte é suscetível dos mesmos movimentos; é também o órgão da volúpia, tem sua glande, seu prepúcio e na extremidade se observa um ponto que parece ter sido o orifício de um canal urinário que se fechou. Existe no homem um intervalo, entre o ânus e o escroto, chamado períneo, e uma costura, do escroto até a extremidade do pênis, que parece retomar a vulva alinhavada. As mulheres com clitóris muito grande possuem barba; os eunucos não, e têm as coxas fortes, os quadris alargados, os joelhos arredondados. Quando um dos sexos perde as suas características, parece adquirir a conformação do outro. Muitos árabes se tornam castrados devido à prática constante da equitação: perdem a barba, sua voz afina, vestem-se como mulheres, sentam-se entre

---

32 Delon, *Diderot*, p.259.
33 Ver May Spangler, "L'Hermaphrodisme monstrueux de Diderot", *Études Françaises*, v.39, n.2, p.109-21, 2003.

elas nas charretes, agacham-se para urinar e afetam costumes e usos do belo sexo.

D'Alembert: – Creio que diz coisas grosseiras à srta. de Lespinasse, doutor.

Bordeu: – Quando se fala de ciência, é preciso usar os termos técnicos.[34]

Tiradas à parte – o vocabulário da ciência tem um quê libertino –, no arrazoado de Bordeu a maleabilidade das determinações anatômicas deriva de uma lógica de metamorfose – uma parte se reconfigura em seu aparente oposto, eventualmente complementar a ela, sem que com isso se alterem os elementos que a compõem. Nessa cena de nivelações e espelhamentos, o caráter do saber filosófico começa a ser redefinido, para além das injunções sociais, a partir do que chamaremos aqui, apropriando-nos de uma expressão de Susan Sontag, de "erótica do conhecimento",[35] um saber para o qual ideias como as de mundo ou de natureza nada mais são que signos de um desejo, de uma paixão que incita à busca pelo prazer.

***

Começamos pelo verbete "Gozo" e terminaremos por ele – reescrito e comentado por Diderot, no *Suplemento à viagem de Bougainville*. A cena ocorre na seção 3; o seu comentário, na seção 5. Dentre os membros da tripulação de Bougainville, o capelão é escolhido para passar a noite na residência de Oru, que vive com sua esposa e filhas. De acordo com os costumes locais, o

---

34 Diderot, *O sonho de D'Alembert e outros escritos*, p. 80-1.
35 "In place of hermeneutics, we need an erotics of art". Ver Susan Sontag, *Against Interpretation and other Essays*, p. 14.

anfitrião pede ao capelão que escolha uma das mulheres para dividir o leito com ele, de preferência a mais jovem, a única que ainda não teve filhos. "O capelão respondeu que sua religião, sua condição, os bons costumes e a honestidade não lhe permitiam aceitar tais ofertas."[36] Oru não aceita essa negativa, e explica que é de bom tom que os estrangeiros em visita ao Taiti se adequem aos costumes locais, e que essa adesão, por ser passageira, não implica a renúncia aos seus próprios costumes. Explica, ainda, que a multiplicação dos indivíduos é essencial para o equilíbrio da economia local, e que, ao se prestar a colaborar com esse objetivo, o estrangeiro faz jus, ainda, às expectativas das belas jovens – que sabem do seu valor econômico e sexual, e, logo, tomam a recusa como uma ofensa grave. "O prazer de honrar uma de minhas filhas, entre suas companheiras e suas irmãs, e de praticar uma boa ação, não te bastaria? Sê generoso!" A essa injunção do selvagem libertino, o capelão responde: "Não é isso. Elas são as quatro igualmente belas; mas a minha religião! A minha condição". Dizendo essas palavras, "o sincero capelão concorda que a Providência nunca o expusera a tentação tão premente. Era jovem; debatia-se, atormentava-se; desviava os olhos daqueles das amáveis suplicantes; volvia-os sobre elas. Alçava as mãos aos olhos e aos céus. Thia, a mais jovem, abraçava-lhe os joelhos".[37] Quando lemos o desfecho, ele nos parece inevitável:

> O ingênuo capelão diz que ela apertava as suas mãos, fixava em seus olhos miradas doces e inocentes, que chorava, e que o pai, a mãe e as irmãs se afastaram; que ficou só com ela, e que, dizendo, "mas a minha religião, a minha condição!", acordou no dia seguinte deitado

---

36 Diderot, *Suplemento à Viagem de Bougainville*, p.142.
37 Ibid.

ao lado daquela jovem, que o cumulava de carícias, e que convidara o pai, a mãe e as irmãs, quando se aproximaram, a deitar-se com eles no leito, em reconhecimento a ela.[38]

A jovem derrota assim a determinação do capelão, vencendo não tanto a sua pessoa, que se obstina em se proteger, mesmo após se entregar ao ato sexual e ao gozo, quanto o que seu pai chama de "preceitos singulares, opostos à natureza e contrários à razão".[39] Com efeito, a satisfação de uma finalidade natural, a perpetuação da espécie, engendra um prazer individual, o gozo sexual, e realiza um objetivo político, a multiplicação da população. A volúpia de Thia, que a jovem exprime como uma paixão refinada, retira o capelão de um estado de desnaturação no qual se encontrava – e ao qual retorna, uma vez consumado o ato – graças a uma distorção introduzida pelas instituições políticas e religiosas de seu país.

Ocorreu a Lévi-Strauss afirmar que o selvagem retratado no *Suplemento* era uma idealização, e que Diderot teria cometido um "erro" ao opor o selvagem ao civilizado, como se o primeiro se encontrasse num idílico estado de natureza, em contraste com a corrupção do último.[40] Mas o que o texto faz é algo bem diferente. Critica a sociedade civilizada a partir de um retrato estilizado de costumes selvagens, tomando a ideia geral "selvagem" como operador ao qual corresponde a categoria "sociedade", exatamente por remeter, ao mesmo tempo, à natureza (sem se confundir com ela).[41]

---

38 Ibid., p.143.
39 Ibid.
40 Claude Lévi-Strauss, *Tristes trópicos*, p.368-9.
41 Ver, as elucidações de Raquel de Almeida Prado, *A jornada e a clausura*, p.125-7.

Na seção 5, um dos interlocutores reconhece que "acreditaria de bom grado que o povo mais selvagem da Terra, o taitiano, se apegou escrupulosamente à lei da natureza, aproximando-se mais de uma boa legislação do que qualquer povo civilizado". Ao que o outro retruca, "mas isso porque é mais fácil para ele se desfazer de seu excesso de rusticidade do que seria para nós voltar atrás e reformar nossos abusos".[42] A clivagem entre o "selvagem" e o "civilizado", duas categorias abstratas demais, dá lugar a esta outra, oriunda da poética clássica, entre uma rusticidade a ser polida e um excesso de refinamento que resiste às tentativas de correção.[43] Nesse sentido, e apenas nele, cabe falar em corrupção dos costumes. Ora, no que diz respeito às práticas sexuais, os costumes franceses não estão corrompidos pelo excesso seu, mas pela sua repressão – um refinamento que violenta a tendência mais natural da espécie humana.

***

Comentando os textos que nos interessam, Élisabeth de Fontenay identifica uma tensão entre o naturalismo de *O sonho de D'Alembert*, em que a igualdade entre os sexos aparece quase como um dogma, fundado na sua reversibilidade anatômica – e cabe acrescentar: há uma neutralidade fisiológica entre homem e mulher –, e o ponto de vista do *Suplemento à Viagem de Bougainville*, em que os sexos são novamente desnivelados e a mulher aparece como a portadora, em seu ventre, da mão de obra que ara a terra e garante a produção das riquezas. Mas, acrescenta, a tensão se resolve com uma estranha aliança entre a libertinagem

---

42 Diderot, *Suplemento à Viagem de Bougainville*, p.153.
43 A tópica se encontra por toda parte nas *Odes* de Horácio, que lemos na tradução de Pedro Braga Falcão.

e a economia política: quanto mais livres as relações sexuais e maior for o seu número, mais bebês haverá, e, malgrado os acidentes, a manutenção da mão de obra de trabalho estará garantida.[44]

As tortuosas considerações de Diderot se inscrevem no registro da economia política. Indiretamente, porém: o utilitarismo do *Suplemento* funciona como um antídoto à desnaturação religiosa. Essa doutrina, se é que a podemos chamar assim, está longe do puritanismo que faz da economia política uma poderosa advogada da restrição dos prazeres sensíveis, com especial repulsa pelas paixões sexuais. Se e quando forem admitidas, estas terão de ser submetidas ao mesmo princípio que, numa sociedade comercial, governa a aquisição dos demais prazeres do corpo: a posse da riqueza. "Com que diabos", pergunta-se o sobrinho de Rameau, "você quer que gastemos o dinheiro, se não for para ter uma mesa farta, boa companhia, bons vinhos, belas mulheres, deleites de todos os tipos, diversões de todas as espécies?" Nesse catálogo, a nota perversa vem da inclusão das mulheres entre as mercadorias, o que se explica na medida em que esse "nós" que aí fala é eminentemente masculino. "Seria indiferente para mim ser mendigo ou possuir uma grande fortuna, se não pudesse gozar de cada um desses prazeres."[45] Reencontramos a mesma confusão, observada a propósito da *Nova Heloísa*, entre *ter* e *gozar*. Para Diderot, ao contrário, a lei do desejo, que conduz ao gozo fisiológico, não tem por objetivo último o interesse do corpo político: mas o usufruto da "vida".

---

44 Fontenay, *Diderot ou le matérialisme enchanté*, p.113-23.
45 Diderot, *O sobrinho de Rameau*, p.40.

Sobre este livro

Escrito ao longo de 2022, este conjunto de ensaios ganhou forma a partir de novembro desse mesmo ano, quando trabalhei no laboratório do Centre National de la Recherche Scientifique (CNRS) junto ao Institut de Recherches sur la Renaissance, l'Âge Classique et Les Lumières (IRCL) da Universidade Montpellier-3 (Paul Valéry), a convite de Jean-Pierre Schandeler e Marie-Noëlle Ciccia. Também contei, em 2021 e em 2023, com duas bolsas da Coordenação de Aperfeiçoamento de Pessoal de Nível Superior e do Comitê Francês de Avaliação da Cooperação Universitária com o Brasil (Capes--Cofecub), de curta duração, na Universidade de Paris 1-Sorbonne, como membro do projeto "Usos contemporâneos das Luzes", dirigido por Rodrigo Brandão, Luiz Repa, Céline Spector e François Calori. O Departamento de Filosofia da Universidade de São Paulo apoiou as minhas pesquisas de forma decisiva nas diferentes etapas da sua realização. Alguns dos capítulos foram comentados por colegas: na Universidade Federal de Minas Gerais, por Georgia Ceccinato, Patricia Kauark e Virginia Figueiredo; na Universidade de Montpellier, por Franck Salaun, Jean-Pierre Schandeler e Thierry

Bertrand-Lavalle; na École Normale Supérieure (ENS) de Lyon, por Martin Rueff, Nassif Faraht e Maria Susana Seguin; na Universidade de Ouro Preto, por Cíntia Vieira da Silva e Olímpio Pimenta; e na Universidade de São Paulo, por Fernão de Oliveira Salles, Laura de Mattos Valadão, Maria Isabel Limongi e Mauricio Coutinho. A última versão do texto, preparada por Caio Morello Labate, foi submetida ao crivo de Clara Castro e Vinicius de Figueiredo. Gostaria de agradecer também a Antonia de Lourdes dos Santos, Isabel Coelho Fragelli, Laurent Jaffro, Marie Leca-Tsiomis e Pedro Fernandes Galé, sem esquecer Leon Garcia, Luciana Saddi e Renata Nogueira.

Bibliografia

ABRAMOVICI, Jean Christophe. *Les Histériques en attendant Freud.* Paris: Presses Universitaires de France, 2022.

ALMEIDA PRADO, Raquel de. *A jornada e a clausura.* São Paulo: Ateliê Editorial, 2003.

ARISTÓTELES. *De anima.* Trad. María Cecília Gomes dos Reis. São Paulo: Editora 34, 2012.

_____. *La Politique.* Ed. Pierre Pellerin. Paris: Nathan, 1983.

ARNAUD, Sabine. *On Hysteria*: The Invention of a Medical Category between 1670 & 1820. Chicago: University of Chicago Press, 2015.

AUERBACH, Erich. *Figura.* Trad. José Marcos Macedo e Samuel Titan. São Paulo: Ática, 1997.

_____. Racine e as paixões. In: *Ensaios de literatura ocidental.* Trad. Samuel Titan Jr. e José Marcos Macedo. São Paulo: Duas Cidades; Editora 34, 2012.

AUROUX, Sylvain. Condillac et la vertu des signes. In: CONDILLAC, Étienne B. de. *La Langue des calculs.* Ed. crit. S. Auroux e A.-M. Chouillet. Lille: Presses Universitaires, 1981.

_____. *La Sémiotique des encyclopédistes.* Paris: Payot, 1979.

BADINTER, Élisabeth. *As paixões intelectuais.* v.2: Exigência de dignidade (1751-1762). Trad. Clóvis Marques. Rio de Janeiro: Civilização Brasileira, 2007.

_____. *Émilie, Émilie*: a ambição feminina no século XVIII. Trad. Celeste Marcondes. São Paulo: Discurso Editorial, 2003.

BALAN, Bernard. Premières recherches sur l'origine et la formation du concept d'économie animale. *Revue d'Histoire des Sciences*, v.28, n.4, p.289-326, 1975.

BARTHES, Roland. As pranchas da *Enciclopédia*. In: *O grau zero da escrita*. Trad. Mário Laranjeira. São Paulo: Martins Fontes, 2004.

_____. *Racine*. Trad. Antônio Carlos Viana. Porto Alegre: L&PM, 1987.

BATAILLE, Georges. *O erotismo*. Trad. Fernando Scheibe. Belo Horizonte: Autêntica, 2013.

BERNARDI, Bruno. *La Fabrique des concepts*: recherches sur l'invention conceptuelle chez Rousseau. Paris: Honoré Champion, 2006.

BINOCHE, Bertrand. *As três fontes da filosofia da história (1764-1798)*. Trad. Danilo Billate. Porto Alegre: Zouk, 2019.

BONNET, Charles. *Essai analytique sur les facultés de l'âme*. Copenhague: C. et A. Philibert, 1760.

BORDEU, Theóphile de. *Recherches anatomiques sur la position des glandes et sur leur action*. Paris: G. F. Quillau, 1751.

BREDEKAMP, Horst. *Les Fenêtres de la monade*: Leibniz, art et theâtre de la nature. Dijon: Presses du Réel, 2022.

BRUNOT, Ferdinand. *Histoire de la langue française*. t.VI: Le XVIIIe siècle. Paris: Armand Colin, 1966.

BUFFON, Georges-Louis L. *História Natural*. Trad. Isabel Coelho Fragelli et al. São Paulo: Editora Unesp, 2020.

_____. *Œuvres complètes*. Org. Stéphane Schmitt. Paris: Honoré Champion, 2010.

CACCIOLA, Maria Lúcia. *Schopenhauer e a questão do dogmatismo*. São Paulo: Edusp, 1994.

CANGUILHEM, Georges. A ideia de natureza no pensamento e na prática médica. In: *Ensaios sobre medicina*. São Paulo: Ubu, 2024.

_____. Máquina e organismo. In: *O conhecimento da vida*. Trad. Vera Lucia Avellar Ribeiro. Rio de Janeiro: Forense Universitária, 2012.

CHOUILLET, Jacques. *Diderot*: poète de l'énergie. Paris: Presses Universitaires de France, 1984.

CÍCERO. *Brutus*. Introd., trad. e notas José Seabra Filho. Belo Horizonte: Nova Acrópole, 2013.

_____. *De finibus*. Trad. J. A. Segurado de Campos. 2.ed. Lisboa: Calouste-Gulbenkian, 2018. (Coleção Textos filosóficos.)

CONDILLAC, Étienne B. de. *A inteligência dos animais*. São Paulo: Editora Unesp, 2022.

_____. *Essai sur l'origine des connoissances humaines*. Paris: Galilée, 1973.

_____. *Lógica e outros escritos*. Org. Fernão de Oliveira Salles. São Paulo: Editora Unesp, 2017.

_____. *Tratado das sensações*. Trad. Denise Bottmann. Campinas: Editora da Unicamp, 1993.

_____. *Tratado dos sistemas*: lógica, língua dos cálculos. São Paulo: Abril Cultural, 1973.

CURRAN, Andrew S. *Diderot e a arte de pensar livremente*. Trad. José Geraldo Couto. São Paulo: Todavia, 2022.

DAGOGNET, François. *Le Catalogue de la vie*. Paris: Presses Universitaires de France, 2004.

DE CASABIANCA, Denis. Une Anthropologie des différences dans *L'Esprit des lois*. *Archives de Philosophie*, v.75, n.3, p.405-23, 2012.

DE MAN, Paul. *Allegories of Reading*: Figural Language in Rousseau, Nietzsche, Rilke and Proust. New Haven: Yale University Press, 1982.

DELAPORTE, François. *Le Seconde Règne de la nature*. Paris: Flammarion, 1979.

DELEULE, Didier. *Généalogie du modèle domestique en politique*. Paris: UPPR, 2018.

_____. *Hume et la naissance du libéralisme économique*. Paris: Aubier, 1979.

_____. Hume, os fisiocratas e o nascimento do liberalismo econômico. *Discurso*, v.47, n.2, p.41-58, 2017.

_____. Une Fable pour l'histoire de la philosophie: la fourmi, l'araignée et l'abeille. In: *Francis Bacon et la réforme du savoir*. Paris: Hermann, 2010.

DELON, Michel. *Diderot*: le cul par-dessus tête. Paris: Albin Michel, 2013.

_____. *L'Idée d'énergie au tournant des Lumières*. Paris: Presses Universitaires de France, 1988.

_____. *Sciences de la nature et connaissance de soi au Siècle des Lumières*. Québec: Tangence, 2008.

DERRIDA, Jacques. *Archéologie du frivole*. Paris: Galilée, 1990.

_____. *Le Calcul des langues*. Paris: Seuil, 2020.

DIDEROT, Denis. *Carta sobre os cegos / Carta sobre os surdos-mudos*. São Paulo: Editora Unesp, 2023.

_____. *Discurso sobre a poesia dramática*. Trad. Franklin de Mattos. São Paulo: Cosac & Naify, 2005.

_____. *O sobrinho de Rameau*. Trad. Daniel Garroux. São Paulo: Editora Unesp, 2019.

_____. *O sonho de D'Alembert e outros escritos*. Org. Pedro Paulo Pimenta. Trad. Maria das Graças de Souza. São Paulo: Editora Unesp, 2023.

_____. *Œuvres complètes*. Org. H. Dieckmann, J. Proust, J. Varloot. 33v. Paris: Hermann, 1975-.

_____. *Passeio Vernet*. Trad. Flávia Falleiros e Letícia Iarossi. São Paulo: Editacuja, 2021.

_____. *Pensamentos sobre a interpretação da natureza*. Trad. Pedro Paulo Pimenta. São Paulo: Editora Unesp, 2023.

_____. Réfutation d'Helvétius. In: *Œuvres philosophiques*. Org. Michel Delon e Barbara de Negroni. Paris: Gallimard; Pléiade, 2013.

_____. *Suplemento à Viagem de Bougainville*. Trad. Jacó Guinsburg. São Paulo: Abril Cultural, 1979. (Coleção Os Pensadores.)

DIDEROT, Denis; D'ALEMBERT, Jean Le Rond. *Enciclopédia, ou Dicionário razoado das ciências, das artes e dos ofícios*. 7v. São Paulo: Editora Unesp, 2015-2024.

_____; _____. *Encyclopédie, ou Dictionnaire raisonnée des arts, des sciences et des métiers*. Paris, 1751-1765. 17v. Disponível em: <http://enccre.academie-sciences.fr/encyclopedie/>. Acesso em: 23 fev. 2024.

DIDEROT, Denis et al. *O que é uma mulher*: um debate. Pref. Élisabeth Badinter. Trad. Maria Helena Franco Martins. Rio de Janeiro: Nova Fronteira, 1991.

DOBRÁNSZKY, Enid A. *No tear de Palas*: gênio e imaginação no século XVIII. Campinas: Editora da Unicamp; Papirus, 1992.

DU MARSAIS, M. *Des Tropes, ou des différents sens dans lesquels on peut prendre un même mot dans une même langue*. Paris: Manicius, 2011.

DUBOS, Jean-Baptiste. *Réfléxions critiques sur la poésie et sur la peinture*. 2.ed. Paris: École Nationale Supérieure de Beaux-Arts, [1755] 1993.

DUCHESNEAU, François. *La Physiologie des Lumières*. Boston: The Hague Martinus Nijhoff, 1982.

DUCHET, Michèle. *Anthropologie et histoire au Siècle des Lumières*. Paris: Maspéro, 1971.

_____; JALLEY, Michèle (orgs.). *Langue et langages de Leibniz à l'Encyclopédie*. Paris: 10/18, 1977.

ERHARD, Jean. *Lumières et esclavage*: l'esclavage et l'opinion publique en France au XVIIIe siècle. Paris: André Versaille, 2008.

FIGUEIREDO, Vinicius de. *A paixão da igualdade*: uma genealogia do indivíduo moral na França. Belo Horizonte: Relicário, 2021.

FISCHBACH, Franck et al. *Histoire philosophique du travail*. Paris: Vrin, 2022.

FONTENAY, Élisabeth de. *Diderot ou le matérialisme enchantée*. Paris: Grasset, 1981.

_____. *Le Silence des bêtes*: la philosophie à l'épreuve de l'animalité. Paris: Fayard, 1998.

FONTENELLE, Bernard de. *Œuvres diverses*. 4v. Paris: M. Brunet, 1742.

FOUCAULT, Michel. *A história da sexualidade*. 4v. São Paulo: Paz e Terra, 2017-2020.

_____. *As palavras e as coisas*. Trad. Salma Tannus Muchail. 9.ed. São Paulo: Martins Fontes, 2007.

_____. *O nascimento da clínica*. Trad. Roberto Machado. Rio de Janeiro: Forense Universitária, 2004.

FRATESCHI, Yara. *A física da política*: Hobbes contra Aristóteles. Campinas: Editora da Unicamp, 2008.

FREYRE, Gilberto. *Sobrados e mucambos*. 2v. 3.ed. Rio de Janeiro: José Olympio, 1961.

GALIANI, Ferdinando. *Dialogue sur le commerce des blés*. Org. Philip Stewart. Paris: Société Française d'Études du Dix-Huitième Siècle, 2014.

GIANNOTTI, José Arthur. *Trabalho e reflexão*. São Paulo: Brasiliense, 1983.

GONTIER, Thierry. Descartes et les animaux-machines: une réhabilitation? In: GUICHET, Jean-Luc (org.). *De l'Animal-machine à l'âme des machines*. Paris: La Sorbonne, 2010.

GREIG, J. Y. T. (org.). *The Letters of David Hume*. 2v. Oxford: Oxford University Press, 1932.

GRIMM, Friedrich Melchior. *Correspondance littéraire*. t.1: 1753-1754. Ferney-Voltaire, Paris: Centre International d'Étude du XVIIIe siècle, 2006.

GROSRICHARD, Alain. *Estrutura do harém*: despotismo asiático no Ocidente clássico. Trad. Lydia H. Caldas. São Paulo: Brasiliense, 1988.

GUÉROULT, Martial. *Descartes segundo a ordem das razões*. Trad. Érico Andrade et al. São Paulo: Discurso Editorial, 2016.

GUÉRY, François; DELEULE, Didier. *The Productive Body*. Winchester: Zero Books, 2014.

GUICHET, Jean-Luc. Âme des bêtes et matérialisme au XVIIIe siècle. In: GUICHET, Jean-Luc (org.). *De l'Animal-machine à l'âme des machines*. Paris: La Sorbonne, 2010.

GUILLERMIT, Louis. *L'Élucidation critique du jugement de goût selon Kant*. Paris: Éditions du CNRS, 1986.

HABINEK, Thomas. *Ancient Rhetoric from Aristotle to Philostratus*. Londres: Penguin, 2017.

HECHT, Joan. La Vie de Quesnay. In: QUESNAY, François. *Œuvres économiques complètes et autres textes*. Org. Christine Théré, Loïc Charles e Jean-Claude Perrot. 2v. Paris: Institut National d'Études Démographiques (Ined), 2005.

HEINICH, Nathalie. *Du Peintre à l'artiste*: artisans et académiciens à l'âge classique. Paris: Éditions de Minuit, 1993.

HELLER-ROAZEN, Daniel. *The Inner Touch*: Archeology of a Sensation. Nova York: Zone Books, 2007.

HORÁCIO. *Odes*. Trad. Pedro Braga Falcão. Lisboa: Cotovia, 2008.

HUGHES, Ted. The Hawk in the Rain. In: *A Ted Hughes Bestiary*: Poems. Selec. Alice Oswald. Londres: Faber and Faber, 2014.

HUME, David. *An Inquiry Concerning Human Understanding*. Org. P. H. Nidditch. Oxford: Clarendon Press, 1976.

_____. Da eloquência. In: *A arte de escrever ensaio*. Org. e trad. Pedro Paulo Pimenta e Márcio Suzuki. São Paulo: Iluminuras, 2011.

_____. *Diálogos sobre a religião natural*. Trad. Álvaro Cabral. Lisboa: Edições 70, 2005.

_____. *Dissertação sobre as paixões*. Trad. Pedro Paulo Pimenta. São Paulo: Iluminuras, 2021.

_____. *História da Inglaterra*: da invasão de Júlio César à Revolução de 1688. Sel. e trad. Pedro Paulo Pimenta. 2.ed. São Paulo: Editora Unesp, 2014.

_____. *My Own Life*. Ed. Iain Gordon Brown. Edimburgo: Royal Society of Edinburgh, 2017.

_____. On the Populousness of Ancient Nations. In: *Essays, Moral, Political and Literary*. Org. Eugene F. Miller. Indianápolis: Liberty Fund, 1985.

_____. *Tratado da natureza humana*. Trad. Débora Danowski. 2.ed. São Paulo: Editora Unesp, 2015.

IBERTIS, Carlota. Acerca da sensitividade tátil na teoria freudiana. *Discurso*, v.49, n.1, p.79-90, 2019.

IGELMANN, Marie-Irène. La Métaphore du mannequin chez Diderot. In: GAILLARD, Aurélia; IGELMANN, Marie-Irène (orgs.). *Diderot et les simulacres humains*: mannequins, pantins, automates et autres figures. Paris: Presses Universitaires de Bordeaux, 2018. (Revue *Lumières*, n.31.)

ISMARD, Paulin. *La Démocratie contre les experts*: les esclaves publiques en Grèce ancienne. Paris: Seuil, 2015.

KANT, Immanuel. *Antropologia de um ponto de vista pragmático*. Trad. Clélia Aparecida Martins. São Paulo: Iluminuras, 2000.

_____. *Crítica da faculdade do juízo*. Trad. V. Rohden e A. Marques. Rio de Janeiro: Forense Universitária, 1993.

_____. *Crítica da razão pura*. Trad. F. C. Mattos. Petrópolis: Vozes, 2015.

KOSSOVITCH, Leon. *Condillac lúcido e translúcido*. São Paulo: Ateliê Editorial, 2011.

KOYRÉ, Alexandre. *Études newtoniennes*. Paris: Gallimard, 1968.

KUNTZ, Rolf. *Capitalismo e natureza*: ensaio sobre os fundamentos da economia política. São Paulo: Brasiliense, 1982.

LA METTRIE, Julien Offray de. *L'Art de jouir*. Paris: Joseph K., 2011.

LACAN, Jacques. *O seminário*. Lv.7: A ética da psicanálise. Trad. Antonio Quinet. 13.ed. Rio de Janeiro: Zahar, 2022.

LARRÈRE, Catherine. *L'Invention de l'économie au XVIIIe siècle*: du droit naturel à la physiocratie. Paris: Presses Universitaires de France, 1992.

LAVABRE-BERTRAND, Thierry. Le Vitalisme de l'École de Montpellier. In: NOUVEL, Pascal (dir.). *Repenser le vitalisme*. Paris: Presses Universitaires de France, 2011.

LEBRUN, Gérard. *Kant e o fim da metafísica*. Trad. Carlos Alberto de Moura. São Paulo: Martins Fontes, 1992.

_____. O cego e o filósofo, ou o nascimento da antropologia. *Discurso*, v.3, n.3, p.127-40, 1973.

_____. O subsolo da crítica: uma conferência inédita. In: _____. *A racionalidade equívoca*. São Paulo: Editora Unesp, no prelo.

LEIBNIZ, Gottfried W. Monadologie. In: *Discours de métaphysique, suivi de Monadologie*. Ed. Laurent Bouquiaux. Paris: Gallimard, 1995.

LÉVI-STRAUSS, Claude. Jean Jacques Rousseau, fundador das ciências do homem. In: *Antropologia estrutural dois*. Trad. Beatriz Perrone-Moisés. São Paulo: Ubu, 2017.

_____. *Mitológicas*. v.1: O cru e o cozido. Trad. e apres. Beatriz Perrone-Moysés. São Paulo: Cosac & Naify, 2004.

_____. *Totemismo hoje*. Trad. Malcom Bruce Corrie. Petrópolis: Vozes, 1975.

_____. *Tristes trópicos*. Trad. Rosa Freire d'Aguiar. São Paulo: Companhia das Letras, 2005.

LINEU. *L'Équilibre de la nature*. Trad. Bernard Jasmin. Paris: Vrin, 1972.

LONGINO. *Do sublime*. Trad. Filomena Hirata. Introd. Jackie Pigeaud. São Paulo: Martins Fontes, 1996.

LUCRÉCIO. *Da natureza das coisas*. Trad. Luís Manuel Gaspar Cerqueira. Lisboa: Relógio d'Água, 2015.

LYOTARD, Jean-François. *Économie libidinale*. Paris: Éditions de Minuit, 1974.

MARKOVITS, Francine. *La Statue de Condillac*: les cinq sens en quête de moi. Paris: Hermann, 2018.

_____. *L'Ordre des échanges*: philosophie de l'économie et économie du discours au XVIIIᵉ siècle en France. Paris: Presses Universitaires de France, 1986.

MARQUES, Antonio. *Organismo e sistema em Kant*: ensaio sobre o sistema kantiano. Lisboa: Presença, 1987.

MATTOS, Franklin de. A cadeia secreta: materialismo e conversação. In: *A cadeia secreta*: Diderot e o romance filosófico. São Paulo: Editora Unesp, 2018.

_____. Enorme, bárbaro, selvagem: Diderot e o drama. In: DIDEROT, Denis. *Discurso sobre a poesia dramática*. Trad. Franklin de Mattos. São Paulo: Cosac & Naify, 2005.

MAUPERTUIS, Pierre-Louis M. de. Sistema da natureza: ensaio sobre a formação dos corpos organizados. *Scientiae Studia*, São Paulo, v.7, n.3, p.473-506, 2009.

_____. Vênus física. *Scientiae Studia*, São Paulo, v.3, n.1, p.103-48, 2005.

MERKER, Anne. L'Esclave organon d'Aristote: entre machine-outil et homme augmenté. In: FISCHBACH, Franck et al. *Histoire philosophique du travail*. Paris: Vrin, 2022.

MERLEAU-PONTY, Maurice. *A união da alma e do corpo*. Trad. Silvio Rosa Filho e Thiago Martins. Belo Horizonte: Autêntica, 2016.

MILLAR, John. *A Historical View of the English Government*. Org. Mark Salber Phillips e Dale R. Smith. Indianápolis: Liberty Fund, 2006. [4v. 1.ed. 1787-1803.]

MONTESQUIEU. *Do espírito das leis*. Trad. Ciro Lourenço e Thiago Vargas. São Paulo: Editora Unesp, 2023.

MONZANI, Luiz Roberto. *Desejo e prazer na idade moderna*. Campinas: Editora da Unicamp, 1995.

_____. Raízes filosóficas da noção de ordem dos fisiocratas. *Discurso*, v.1, n.44, p.9-54, 2014.

MORAES, Eliane Robert. *O corpo impossível*: a decomposição da figura humana de Lautréamont a Bataille. São Paulo: Iluminuras, 2012.

MOSCONI, Jean. Analyse et genèse. Regards sur la théorie du devenir de l'entendement au XVIIIᵉ siècle. *Cahiers pour l'Analyse*, n.4, p.69, set.-out. 1966.

MOSSNER, E. C. *The Life of David Hume*. 2.ed. Oxford: Clarendon Press, 1980.

MÜLLER, Leonardo. Apresentação. In: MÜLLER, Leonardo (org.). *Fisiocracia*: textos selecionados. Trad. Thiago Vargas. São Paulo: Editora Unesp, 2020.

NEWTON, Isaac. *Philosophiae naturalis principia mathematica*. Londres: S. Pepys, 1686. [Ed. bras.: *Princípios matemáticos da filosofia natural*. Trad. J. Resina Rodrigues. Lisboa: Fundação Calouste Gulbenkian, 2017.]

NIETZSCHE, Friedrich. *A gaia ciência*. Trad. Paulo César Souza. São Paulo: Companhia das Letras, 2012.

_____. *Para além do bem e do mal*. Trad. Paulo César Souza. São Paulo: Companhia das Letras, 1992.

NOUVEL, Pascal (dir.). *Repenser le vitalisme*. Paris: Presses Universitaires de France, 2011.

OVÍDIO. *Metamorfoses*. Trad. Pedro Farmhouse Alberto. Lv.VI. Lisboa: Cotovia, 2007.

PAGANELLI, Maria Pia. Is a Beautiful System Dying? A Possible Smithian Take on the Financial Crisis and its Aftermath. *Adam Smith Review*, v.6, p.269-82, 2011.

PIGEAUD, Jackie. *La Crise*. Nantes: Cécile Défaut, 2006.

PORTICH, Ana. *A arte do ator entre os séculos XVI e XVIII*. São Paulo: Perspectiva, 2008.

PRADO JR., Bento. *A retórica de Rousseau e outros ensaios*. São Paulo: Editora Unesp, 2018.

PROUST, Jacques. La Mort et le médecin. A propos de Théophile Bordeu. In: TROUSSON, R. *Thèmes et figures du Siècle des Lumières*. Genebra: Droz, 1980.

_____. L'Article Bas de Diderot. In: DUCHET, Michèle; JALLEY, Michèle (orgs.). *Langue et langages de Leibniz à l'Encyclopédie*. Paris: 10/18, 1977.

QUESNAY, François. *Essai physique sur l'économie animale*. 2.ed. Paris: G. Caveller, 1747.

_____. Le Droit naturel. In: *Œuvres économiques complètes et autres textes*. Org. Christine Théré, Loïc Charles e Jean-Claude Perrot. 2v. Paris: Institut National d'Études Démographiques (Ined), 2005.

REY, Roselyne. *Naissance et développement du vitalisme en France de la deuxième moitié du 18ᵉ siècle à la fin du Premier Empire*. Oxford: Voltaire Foundation, 2000.

ROGER, Jacques. *Les Sciences de la Vie dans la pensée française au XVIIIᵉ siècle*: la génération des animaux de Descartes à l'*Encyclopédie*. Paris: Albin Michel, 1993.

ROUSSEAU, Jean-Jacques. Discurso sobre a origem e os fundamentos da desigualdade entre os homens. Trad. Iracema Gomes Soares e Maria Cristina Roveri Nagle. In: *Escritos sobre a política e as artes*. Org. Pedro Paulo Pimenta. São Paulo: Ubu; Editora UnB, 2020.

_____. Émile ou de l'éducation. Lv.III. In: *Œuvres complètes*. Org. Marcel Raymond e Bernard Gagnebin. v.4: Éducation, Morale, Botanique. Paris: Gallimard; Bibliothèque de la Pléiade, 1969.

_____. *Julie ou La Nouvelle Héloïse* (1761). Paris: Garnier-Flammarion, 1967.

_____. *La Botanique de Rousseau*. Paris: Presses Universitaires de France; Fondation Martin Bodmer, 2012.

_____. *Œuvres complètes*. Org. Marcel Raymond e Bernard Gagnebin. 5v. Paris: Gallimard; Bibliothèque de la Pléiade, 1956-1965.

SANDRIER, Alain. D'Holbach et Hume: scepticisme et propagande irréligieuse. *La Lettre Clandestine*, v.15, p.221-39, 2007.

SCHLANGER, Judith. *Les Métaphores de l'organisme*. Paris: Vrin, 1971.

SCHMITT, Stéphane (org.). Introdução. In: BUFFON. *Œuvres complètes*. t.IV. Paris: Honoré Champion, 2010.

SÉRIS, Jean-Pierre. *Qu'Est-Ce Que La Division du travail?* Paris: Vrin, 1994.

SIMONDON, Gilbert. *Do modo de existência dos objetos técnicos*. Trad. Vera Ribeiro. Rio de Janeiro: Contraponto, 2020.

SMITH, Adam. Carta aos editores da *Edinburgh Review*. In: *Ensaios filosóficos*. Trad. Pedro Paulo Pimenta et al. São Paulo: Editora Unesp, 2019.

_____. *Riqueza das nações*. Trad. Luiz João Baraúna. São Paulo: Abril Cultural, 1982. (Coleção Os Economistas.)

SONTAG, Susan. *Against Interpretation and other Essays*. Londres: Penguin, 1966.

SOUZA, Maria das Graças de. *Natureza e ilustração*: sobre o materialismo de Diderot. São Paulo: Editora Unesp, 2002.

SPANGLER, May. L'Hermaphrodisme monstrueux de Diderot. *Études Françaises*, v.39, n.2, p.109-21, 2003.

SPITZER, Leo. The Style of Diderot. In: *Linguistics and Literary History*: Essays in Stylistics. 2.ed. Princeton: Princeton University Press, 1967.

STAROBINSKI, Jean. *Diderot*: un diable de ramage. Paris: Gallimard, 2013.

_____. *Jean Jacques Rousseau*: a transparência e o obstáculo. Trad. Maria Lúcia Machado. São Paulo: Companhia das Letras, 2011.

_____. Médecins et philosophes à l'écoute du corps. In: *Le Corps et ses raisons*. Paris: Seuil, 2020.

_____. Note sur l'angine de poitrine et la mort subite. In: *Diderot*: un diable de ramage. Paris: Gallimard, 2013.

STERNE, Laurence. *A vida e opiniões de Tristram Shandy*. Trad. Manuel Portela. 2.ed. Lisboa: Antígona, 2014.

STEWART, Mary A. (org.). *Studies in the Philosophy of the Scottish Enlightenment*. Oxford: Clarendon Press, 1990.

SUZUKI, Márcio. *A forma e o sentimento do mundo*: jogo, humor e a arte de viver na filosofia do século XVIII. São Paulo: Editora 34, 2014.

TÁCITO. *Diálogo dos oradores*. Trad. Antonio Martinez Resende e Júlia Batista Castilho de Avellar. Belo Horizonte: Autêntica, 2014.

TORRES FILHO, Rubens Rodrigues. *Ensaios de filosofia ilustrada*. 2.ed. São Paulo: Iluminuras, 2008.

_____. O sublime em ação. *Folha de S.Paulo*, 3 abr. 1995, "Jornal de Resenhas".

TRACY, Destutt de. Sur Quelques Questions d'idéologie. In: *Essais philosophiques*. Org. Claude Jolly. Paris: Vrin, 2017.

TROUSSON, R. *Thèmes et figures du Siècle des Lumières*. Genebra: Droz, 1980.

VIRGÍLIO. *Bucólicas*. São Paulo: Martins Fontes, 2021.

WENGER, Alexandre. *Le Médecin et le philosophe*: Théophile de Bordeu selon Diderot. Paris: Hermann, 2012.

WILLIAMS, Elizabeth. *A Cultural History of Medical Vitalism in Enlightenment Montpellier*. Abingdon: Routledge, 2003.

WINCH, Donald. *Adam Smith's Politics*: An Essay in Historiographic Revision. Cambridge: Cambridge University Press, 1978.

WOLFE, Charles. *La Philosophie de la biologie avant la biologie*: une histoire du vitalisme. Paris: Classiques Garnier, 2019.

WRIGHT, John P. Metaphysics and Physiology. In: STEWART, Mary A. (org.). *Studies in the Philosophy of the Scottish Enlightenment*. Oxford: Clarendon Press, 1990.

SOBRE O LIVRO

Formato: 13,7 x 21 cm
Mancha: 23,5 x 39 paicas
Tipologia: Venetian 301 BT 12,5/16
Papel: Off-white 80 g/m² (miolo)
Cartão Supremo 250 g/m² (capa)

1ª edição Editora Unesp: 2024

EQUIPE DE REALIZAÇÃO

Edição de texto
Tulio Kawata (Copidesque)
Jennifer Rangel de França (Revisão)

Capa
Marcelo Girard

Imagem de capa
"Pato digeridor" de Jacques de Vaucanson,
c. 1900, autor desconhecido

Editoração eletrônica
Sergio Gzeschnik

Assistente de produção
Erick Abreu

Assistência editorial
Alberto Bononi
Gabriel Joppert